T0090612

ضمانات المرأة
في حقوق الإنسان

ضمانات المرأة
في حقوق الانسان

الاستاذ المساعد الدكتورة : لمياء ياسين الركابي

الاستاذ المساعد الدكتور: ياسين محمد العيثاوي

رقم الإيداع لدى دائرة المكتبة الوطنية 2011/3/933

الطبعة العربية الأولى 2011م

دارالجنان للنشر والتوزيع

المركز الرئيسي(التوزيع - المكتبة)

00962796295457 - 00962795747460

0096264659891

ص. ب 927486 الرمز البريدي 11190 عمان

مكتب السودان ـ الخرطوم

00249918064984

E-mail:dar_jenan@yahoo.com

بسم الله الرحمن الرحيم

((ولا تتمنوا ما فضل الـلـه به بعضكم على بعضٍ للرجال نصيب مما اكتسبوا وللنساءِ نصيبُ مما اكتسبن وسألوا الـلـه من فضله إن الـلـه كان بكل شئٍ عليماً..))

صدق الـلـه العظيم

النساء : (32)

المقدمة

نحاول في هذا الموضوع التطرق لواقع المراة في ظل مبادئ حقوق الانسان لما تمثله المراة من كيان اجتماعي وذات لايمكن تجاهلها ابتداء من عملية الخلق سبحانه وتعالى ومرورا بكونها تمثل نصف المجتمع وعاملا اساسيا وركنا لايمكن ان نستغني عنه في تكوين الاسرة . وانهاء دورها في الحياة السياسية فانه لم يعد من المقبول ان تركن المراة لأداء دورها الاجتماعي والثقافي واعتقال او تناسي دورها السياسي وفي مجمل اوجه النشاط السياسي . ولم تكن المراة وحدها، بل ان المجتمع كله عاش الضياع والقلق والقهر وهي حالة طبيعية افرزها الانحراف عن التعاليم والقيم الإلهية وأتباع المناهج الوضعية الفاسدة في التصور والضمير والسلوك والروابط والعلاقات والمعاملات حتى أضحى الفساد حالة سائدة في جميع النظم الاجتماعية والاقتصادية والتربوية .

وقد نال المراة النصيب الاكبر من ذلك، ولان الرجل هو غالبا صاحب التقنين الوضعي. والحقيقة ان المراة انتابها الظلم على مر العصور سواء من القوانين الوضعية او من الرجل غير المتقيد بالتعاليم الالهية نفسه فمصائبها القديمة هي نسيان انسانيتها ، ومصائبها الجديدة هي اغفال كونها امراة .

واغفال جانبها الفطري وحاجتها الانثوية تحت ذريعة المساواة والتحرر فلا بد من تحرير المراة وهو جزء لايتجزء من تحرير الانسان .فالإسلام جاء لتحرير الانسان من جميع الوان العبودية والاضطهاد وعبودية الأصنام الحجرية والبشرية وعبودية الآنا والمصالح الضيقة واجد ان قول اللـه سبحانه وتعالى (يَا أَيُّهَا النَّاسُ اتَّقُوا رَبَّكُمُ الَّذِي خَلَقَكُمْ مِنْ نَفْسٍ وَاحِدَةٍ وَخَلَقَ مِنْهَا زَوْجَهَا وَبَثَّ مِنْهُمَا رِجَالاً كَثِيراً وَنِسَاءً) [1] صدق اللـه العظيم .

---

(1) سورة النساء : من الاية 1

في عالمنا اليوم لم يعد بمقدور أي فرد ان يتجاوز حقيقة ان احترام حقوق الانسان في المجتمع وحرياته والحفاظ على كرامته وحقه في الحياة هي ركيزة إساسية من ركائز انظمة السياسة والمجتمعات في دول العالم .

ولم تكن مسألة احترام حقوق الانسان وحرياته بنت اليوم فهي تمتد الى جذور تاريخية بعيدة ، ولكنها تأطرت بشكل قانوني في ظل لائحة الاعلان العالمي لحقوق الانسان 1948 . وماعقبته من اتفاقيات للحقوق المدنية والسياسية والثقافية والاقتصادية والحديث عن حقوق الانسان ، هو الحديث عن ذاتيين اجتماعيين لمشكلات الانسان . اولى هذه المشكلات هي الرجل والثانية هي المراة وهذا ما نجده في نصوص القران الكريم سبحانه وتعالى (وَالْمُؤْمِنُونَ وَالْمُؤْمِنَاتُ بَعْضُهُمْ أَوْلِيَاءُ بَعْض) [2] .

اولا ـ مفهوم حقوق الانسان HUMAN RIGHTS

هناك تعريفات عدة متنوعة لحقوق لانسان وقبل البدء في تعريف هذا المفهوم لابد ان نعرف معنى الديمقراطية .فهي كلمة يونانية مشتقة من كلمتين هما(ديمو بمعنى الشعب) (وكرادس) بمعنى الحكم فهي تعني (مجموعة من الحقوق والمطالب الواجبة الوفاء لكل البشر على قدم المساواة دونما تمييزفيما بينهم)[2] .

بينما تعني لدى البعض الاخر على انها ((مجموعة من الحقوق المتصلة بتصور معين للانسان يقوم في جوهره على الحرية ويمكن كل فرد بصبغته تلك وبوصفه عضوا [3] في المجتمع وجزءا من الانسانية من قدرات وإمكانيات في

---

(2) سورة التوبة : من الاية 71

2[1] محمد عبد لملك عبد المتوكل ، الاسلام وحقوق الانسان ، مجلة المستقبل العربي ، بيروت ـــ لبنان ، العدد (2) ، السنة 1979 ، ص 13 .

[3] عبد الفتاح عمر ، حقوق الانسان والتحول الحضاري في العالم اليوم ،المجلة العربية لحقوق الانسان ، العدد (21) ، سنة 1994 ، ص 95 .

علاقاته مع الاخرين ومع مجموع السلطات)) . وتعرف ايضا (مجموعة من الحقوق الطبيعية التي يمتلكها الانسان واللصيقة بطبيعته والتي تظل موجودة وان لم يتم الاعتراف بها بل واكثر من ذلك حتى وان انتهكت [1] من السلطة).

كذلك تعني حقوق الانسان ((انها مجموعة الحقوق التي مع الفرد لاتحتاج في ممارستها الى اعتراف الدولة او حتى تدخلها وانمايتحدد دور الدولة لمجرد تنظيم اشكال هذه الحقوق من الافراد ودفع التعارض المتمثل بينهم اثناء استعمال هذه الحقوق [2])) . بينما تعني الحقوق اللصيقة التي تولد مع الانسان وتعد من مكوناته الاساسية سواء اقرت الدولة ذلك ام لا ، وان دور الدولة يتمثل في تنظيم عملية ممارسة تلك الحقوق مع التسليم بان تلك الحقوق قد لاتعتمدها الدولة جميعا وقد تعترف الدولة ببعضها دون البعض الاخر لكن ليس من الضروري ان تكون هذه الحقوق ذات وجود على مدى الدهر وهي قد تختفي بعد تغير انظمة الحكم الى انظمة اخرى لا تقيم وزنا للشعب ولحريته وآرائه [3]

ثانيا ـ المجتمع SOCIETY

هو مجموعة من الاشخاص تعيش وتعمل سوية لفترة من الزمن تكفي لخلق وتنظيم ،ولان تعد نفسها وحدة اجتماعية متميزة والاساس التي يقوم عليها المجتمع هو وجود مجموعة من الافراد ومعيشتهم في اقليم محدد كوحدة ذات كيان خاص وحضارة خاصة واستمرارهم زمنيا فترة طويلة كمجموعة وحضارة واحساسهم بالشعور الجمعي وملكيتهم لروح الجماعة [4].

[1] محمد سعيد مجذوب، الحريات العامة لحقوق الانسان ، طرابلس ، جروس بوس ، ط 1 ، سنة 1986 ص 9 .

[2] حسن علي ، حقوق الانسان ، وكالة المطبوعات ، الكويت ، 1982 ،ص 16

[3] باسيل يوسف ، حقوق الا نسان والامن القومي ، مجلة شؤون سياسية ، دار الشؤون الثقافية ، بغداد ، العدد(2) السنة 1994ص 123 .

[4] قاموس الانثروبولوجيا ، انكليزي / عربي تأليف الدكتور شاكر مصطفى سليم ،ط1 ، 1981 ، جامعة الكويت .

وكذلك يعرف المجتمع على انه جماعة من الناس يعيشون معا في منطقة معينة تجمع بينهم ثقافة مشتركة ، ومختلفة عن غيرها وشعور بالوحدة. كما ينظرون الى انفسهم بوصفهم كيانا متميزا ويتميز المجتمع كتجمع الجماعات ببناء من الادوار المتصلة ببعضها البعض والتي تتبع في سلوكها المعايير الاجتماعية .ويتضمن المجتمع جميع النظم الاجتماعية الاساسية الضرورية لمواجهة الحاجات البشرية الاساسية وهو مستقل لابمعنى اكتفائه الذاتي التام اقتصاديا ولكن بمعنى شموله بجميع الاشكال التنظيمية الضرورية لبقائه[1].وكذلك يعرف المجتمع بأنه مجموعة من الافراد تقطن بقعة جغرافية محددة وتربطها علاقات قوية مبنية على عناصر اللغة والتاريخ والعادات والتقاليد الاجتماعية والاهداف والمصير المشترك ويتألف هذا التعريف من عناصر عدة اهمها :

1ـ الشعب (مجموعة من الافراد) .

2 ـ الوطن (الارض التي يسكن عليها الشعب) .

3 ـ الروابط والعلاقات الاجتماعية التي تربط ابناء المجتمع .

4 ـ عناصر الروابط الاجتماعية اللغة والتاريخ والعادات والتقاليد والاهداف والمصير المشترك [2] .

وهناك من يرى ان المجتمع هو مسرح الحياة الذي تمثل الحضارة مسرحيته وهو الذي يختار الممثلين فيه من الافراد والجماعات فيعرفهم بأدوارهم ومراكزهم فيستجيبون له ويؤدون مهماتهم على الوجه المتوقع منهم ويتفاعلون مع بعض ، اخذين بنظر الاعتبار تشابههم واختلافهم ، وبهذا يساهمون معا في انجاح مسرحية الحياة [2].

---

(1) معجم العلوم الاجتماعية (انكليزي / عربي / فرنسي) مكتبة لبنان ، 1977 بيروت ، ص 400 .

(2) احسان محمد الحسن ، كتاب مقومات المجتمع العربي ، بحث منشور في كتاب دراسة المجتمع العربي الصادرعن اتحاد الجامعات العربية (الامانة العامة) الرياض ، 1990 ص27 .

(2) BIEZANZ M H and biezanz j introduction to SOCIOLOGY prentie hall ine Englewood cliff N. Y 1969 P. P 109 _ 111

تأليف الدكتور معن خليل عمر ، الدكتور عبد اللطيف العاني ، مليحة عوني القصير .

ثالثا ـ الديمقراطية

لايتفق هنا تعريف جامع للديمقراطية . ويعود هذا لشمولها مختلف اوجه الحياة ولتأثرها بالعوامل الاقتصادية السياسية والاجتماعية والثقافية والنفسية ومن ثم تتنوع التعريفات بتنوع وجهات النظر المختلفة .

فنجد تعريف (سارتوري SARTORI) الذي يعدها نظاما سياسيا يتسم بغياب السلطة الشخصية ، نظام يستند المبادئ لايدعي احد فيه انه قيم عليها او انه يملك السلطة باسمه[1] .

والديمقراطية هنا ليست مطلقا ولا نظاما جاهزا بل(انها حركة في اتجاه توسيع الحريات العامة وتأكيد فكرة التضامن داخل المجتمع الواحد وفكرة الوطنية كأساس لخلق قواعد مفيدة للعمل [2]) .وقد عرف البعض الديمقراطية على انها ترتيب مؤسسي يتيح ضمانة مشاركة المواطنين في اختيار قادتهم عن طريق الانتخابات . [3] .في حين عدها البعض بانها حكم سيادة الشعب بواسطة انتخابات.[4] واذا ماعتمدت هذه التعريفات في الواقع العملي فيكون المبدأ السائد هو اننا نختار الاقتراع وليس الرصاص [5](العنف WE CHOOSE BALLOTS RATHER THAN BULLETS.(اما. تعريف الموسوعة الامريكية للديمقراطية فهي شكل من الحكومة تكون اغلب قراراتها وتوجهاتها السياسية مستندة الى الموافقة الحرة لا اغلبية المحكومين ولتكون السلطة

---

[1] GIOVANI SARTORI / Democrtic theory oxford & IBH publishing /new delhi 1965 P 151

[2] الديمقراطية والاحزاب في البلدان العربية ، مركز دراسات الوحدة العربية ، ط 1 ، بيروت ، 1999، ص 89 .

[3] غسان سلامة ، اين هم الديمقراطيون ، مركز دراسات الوحدة العربية ،ديمقراطية من غير ديمقراطيين ، سياسات الانفتاح في العالم العربي الاسلامي ، بيروت ، ط1 1995 ص11 .

[4] GIOVANI SARTORI , OP , CITY P. 337 .

[5] J A CORRY flements of democratic government / oxford university press/ London 1964 p 124 .

النهائية سيد الشعب [1] . وتعريف القاموس السياسي للديمقراطية انها نظام للحكم يكون فيه للشعب الحكم الاساسي ، وهو صاحب السلطة الاولى والاخيرة بواسطة النواب المنتخبين [2] اما اشهر التعاريف هو الذي قدمه (ابراهام لنكولن)(وهو حكم الشعب وبالشعب وللشعب [3]). وهي سلطة الشعب التي نعبر عنها بمؤسسات [4] تنتخبها انتخابا حرا واخيرا تعني الديمقراطية انها فقط تجربة في الحكم [5].

---

[1] IN CYCLOPEDIA AMERICANA vol 8 1980 p. 684
[2] LAWRENCE ZIRING the Asian political ddictionary Santa Barbara califorinia 1980 p. 66 .
[3] SAULK PADORER the meaning of democracy / lancer book / lnc new yo rk / 1965 .
[4] محمد عابد الجابري ، نحو إعادة بناء قضايا الفكر المعاصر ، مركز دراسات الوحدة العربية بيروت ، 1992 ،ص 208 .
[5] الدكتور : حافظ علوان الدليمي ، كلية العلوم السياسية بغداد ،المدخل الى علم السياسة 1989 ص 11 .

الفصل الأول

الجذور التاريخية لحقوق الانسان

- الديمقراطية وحقوق الإنسان في حضارة وادي الرافدين
- حقوق الإنسان في الحضارة اليونانية القديمة
- حقوق الانسان عند الرومان

الجذور التاريخية لحقوق الإنسان

ان دراسة حقوق الانسان وحقوق المراة جاءت في ضوء مقررات ومبادئ حقوق الانسان لاهمية المراة في المجتمع بما تمثله من كيان اجتماعي, لذا لعبت المراة دورا فاعلا في شؤون الحياة اذ احتلت مكانة اجتماعية ودينية متميزة في مختلف العصور، كما تباين أهمية وأشكال هذا الدور وهذه المكانة باختلاف الأزمنة ففي المراحل الأولى للتاريخ كانت مكانة المراة في مرتبة الآلهة يقدسها ويطلب منها الغفران فشكلت رمزا من رموز الخير والإنتاج والخصوبة ولهذا كانت هناك علاقة وثيقة بين المرآة والخلق ، كما ارتبط وجود المرآة مع الأرض المنتجة الخصبة التي تطعم البشر من خيراتها [1] وفي شريعة حمورابي وجدت العديد من النصوص التي تنظم الأسرة وتخفض مكانة ودور المراة البابلية في العراق القديم . وللمراة الحق في الطلاق من زوجها ولها حق رعاية الأولاد وحق ممارسة العمل التجاري وكذلك لها حق الرعاية والنفقة ، كما وضعت عقوبات قاسية على الشخص الذي يسيء معاملة المراة أو ينتهك حقوقها الثابتة في القانون . وكذلك احتلت المراة دورا بارزا في العهد الاغريقي وفي جمهورية أفلاطون . غير إن هذه المكانة لم تكن كذلك عند العرب قبل الإسلام حيث وجدت مشكلة وأد البنات في ذلك الوقت خوفا من الوقوع في الأسر أثناء الغزوات والحروب فقد كانت القيم الاجتماعية آنذاك تحتم أو أن لاتكون المراة من السبايا مما يدل على ضعف الجماعة التي تأخذ النساء منها مما يقلل ويضعف من قيمة الجماعة ولان الوضع الاجتماعي ـ الاقتصادي كان يعتمد على دور الرجل في الزراعة والحروب حتى ظهور الإسلام الذي حاول التخفيف من المشاكل الاجتماعية آنذاك .

---

[1] THE violations of women Rigts in iraq / p . 1 of 2 file // A htm 25/9/2004 .

الديمقراطية وحقوق الإنسان
في حضارة وادي الرافدين

فكرة الديمقراطية في العراق والوطن العربي جاءت لتخترق أطارا معرفيا تقليديا شكل عبر تجربة تاريخية طويلة شهدها العراق منذ عصور قديمة ، وإذا الديمقراطية كمصطلح سياسي قد وجدة عند الإغريق القدماء فان ذلك يعني انتقاء وجود نظائر لها لدى الشعوب الشرقية [1] وان استحالة تتبع إحداث العراق القديم بحسب تسلسلها الزمني لم تمنع ((نوركيلد جاكوين)) من التوصل إلى ان الفكر السياسي العراقي القديم كان قد عرف نمطا من الديمقراطية كان قد اسماها الديمقراطية البدائية [2] وفي مجتمع صنف على أساس انه مجتمع ديمقراطي أو عسكري ، هذا النمط على (راي جاكوين) كان بمثابة الصورة التي اتخذها نظام الحكم في العراق القديم وهو نمط كان يقوم في السماء انعكس على المستوى الديني وفق أساس يفيد ان مملكة السماء كانت تسودها الديمقراطية البدائية .لقد اعتمد جاكوين في ما توصل اليه في هذا الشأن على أن آلهة أولئك العراقيين القدماء كانت مقيدة بقرارات مجلسها وكانت هناك مجلس ندوة هذه الندوة لها صلاحيات دينية وأخرى عقابية معينة لتحديد الأجيال ومحاكمة الإنسان على عقوقه وارتكابه ما يغضب الآلهة وانتخاب أحدا ليكون رئيسا لهذا المجلس ومنحه السلطة المطلقة [3] في حالة الطوارئ والظروف الاستثناية والأسباب صفة الملكية على إنسان معين ليحكم باسم الآلهة على الأرض ونذكر كذالك الإصلاحات التي جاء بها (اوركاجينا) في الحضارة القديمة في وادي الرافدين تعد من أهم

---

(1) عبد الرضا الطعان ، صادق الاسود ، مدخل الى علم السياسة ، بغداد ، جامعة بغداد 1986 ص158 .

(2) نقلا عن عبد الرضا الطعان : مفهوم الديمقراطية القديمة ، افاق عربية سنة 1984 العدد (6) حزيران / يونيو ص29 .

(3) مجموعة باحثين من علماء السوفيت ، العراق القديم ، دراسة تحليلية لاحوله الاقتصادية والاجتماعية ، ترجمة سليم طه ، بغداد وزارة الاعلام سنة 1976 ص283 .

الإنجازات والإصلاحات التي قدمها لسلالة لكش الاولى وصاحب اقدم اصلاح اجتماعي واقتصادي معروف لحد الان . حيث يرجع تاريخ الاصلاحات التي قام بها الى سنة 2355 قبل الميلاد[1] وقد اكتشفت تلك الاصلاحات في مدينة لكش عام 1878 وترجمتها لاول مرة من العالم الفرنسي (ثورو دانجان) وقد اظهر ان هذا الملك قضى على المساوئ التي كانت سائدة في تلك الفترة ، وخاصة ما يتعلق بالضرائب التي كانت سائدة ومفروضة على الشعب خلاف القانون واعاد (اوركاجينا) العدل والحرية والمساواة للمواطنين وازال عنهم الظلم والاستغلال ان هذة الوثيقة نادت بحقوق الانسان وحريته لأول مرة ومن هنا تأتي اهميتها وبذالك سبق العراقيون شعوب العالم في مجال العدل والحرية بالالاف السنين [2] كما ذكر(اوركاجينا) في اصلاحاته انه قنن القوانين التي وفرت للشعب الحرية والعدالة والقوانين القديمة لتاريخ العراق تبين ان(اورنمو) الملك الذي استطاع ان يضع القوانين القديمة في مدينة اور الثالثة وهو اقدم قانون مكتشف لحد الان ويتكون هذا القانون من مقدمة تظهر فيها نظرية التفويض الالهي والتي جاء فيها ان (اورنمو) استطاع ان يوطد العدالة في البلاد ويزيل البغضاء والظلم ،ويضم هذا القانون (31) مادة والمادة (6) من قانون (اورنمو) تبحث في حقوق المراة عند الطلاق وهي مشابهه لقانون حمورابي في المادة (142) [3] ان العراقين القدماء وفي مختلف المراحل التاريخية اهتموا بالقوانين واعتمدوا عليها في تنظيم وادارة البلاد وتنظيم المجتمع . وعلى سبيل المثال هناك قانون (لبث عشتار) الذي يركز على الراعي والحكيم ... لادارة البلاد وتحقيق[4] العدالة والقضاء على الظلم ونشر الرفاهية للمجتمع بما فيهم المرآة.

---

[1] صلاح الدين ناهي ،العدالة في تراث الرافدين وفي الفكرا ليوناني والعربي الاسلامي ،بيروت ،الدار العربية للمطبوعات ،1984ص 36 .

[2] الدكتور عامر سليمان ،القا نون في العراق القديم ح1 ،مطبعة الموصل 1977 ص 26 ص27 ،الدكتورعبد الكريم ا لغنزي ص51.

[3] الدكتو عبد المجيد الحفناوي، تاريخ النظم الاجتماعية والقانونية ،مؤسسة شباب الجامعة ص 50

[4] شعيب احمد الحمداني ،قانون حمورابي ،كتاب جامعة بغداد ،بيت الحكمة 1987، ص16 .

الطبقات الاجتماعية في العراق القديم

لقد عرف المجتمع العراقي القديم منذ عهوده التاريخية الأولى ، طبقتين رئيستين فيه هما طبقة الأحرار وطبقة الأرقاء [1] إلا أن هنالك وثائق ترقى إلى عهد لاحق تشير إلى أن المجتمع العراقي القديم كان مؤلفاً من ثلاث طبقات الطبقة الأولى وهي طبقة الأحرار والتي تمثل الطبقة العليا في المجتمع والتي يملك أفرادها الحرية الكاملة ، والطبقة الثانية وهي الطبقة الوسطى التي كانت تتألف من الأحرار المقيدة حريتهم أما الطبقة الأخيرة فهي طبقة الأرقاء .

أ : طبقة الأحرار(اويلم) : كانت الطبقة الأولى في المجتمع العراقي القديم يطلق عليها اسم (الاويلم) ومعناه بالأكدية (الرجل) أو الرجل الحر فهو يتمتع بصفة المواطنة (**statut civitatis**) في الدولة التي ينتمي اليها وهو يتمتع بمركز قانوني افضل من بقية أفراد الطبقتين الاخرتين. هذا التميز يظهر في التميز الطبقي (أولا) في تقلد أفراد الطبقة الوظائف العليا في الدولة كالقضاء والادارة والجيش وبقية الوظائف الهامة .

ب: الطبقة الوسطى (الشكينوم) :

كان يطلق على الفرد من الطبقة الوسطى (الشكينو) التي تقاربت في اللغة العربية لغة ومعنى[2] كلمة المسكين أي الشخص العادي و الفرد من جمهور الناس لقد كان لافراد هذه الطبقة مركزاً قانونيا هو اقرب إلى طبقة الأحرار من طبقة الأرقاء . ويطلق كذلك عليهم أنصاف الأحرار.

جـ : طبقة الارقاء (وردوم) : الرق نظام اجتماعي ـ اقتصادي ،عرفته المجتمعات القديمة وان بدات اهميته الاقتصادية ضئيلة في مجتمعات الرعي التي كانت الحاجة فيها الى الخدمات محدودة فان هذا النظام اصبحت له مكانته الاقتصادية الهامة في المجتمعات الزراعية نظرا لما تحتاجه من الايدي العاملة .

---

(1) king ahistory of summer and akkad London 1923 p 184 p 239 p 291

(2) monier cardascia et imber historire des ins institutions et des fist s sociaux paris 1954

والرقيق هو الانسان المملوك للخير ، والارقاء في المجتمع العراقي القديم كانوا يمثلون الطبقة الدنيا في السلم الاجتماعي .

لقد اهتمت القوانين العراقية القديمة بإحكام العائلة واعارت اهمية كبيرة لها بتخصيصها جزءا كبيرا من موادها لتنظيمها .وقد خصصت قوانين (اشنونا) اكثر من عشرة مواد للعائلة ، فيما نصت ربع مواد حمورابي تقريبا على احكام تعلقت بالاسرة وخصصت قوانين (لبث عشتار) نصف موادها حول الاسرة وانعاشها واحترام سبل عيشها . واخيرا كانت المراة العراقبة القديمة متمتعة بمركز قانوني واجتماعي ممتاز في مجتمعها ،فقد تقلدت وظائف قضائية وادارية مختلفة ولها شخصية قانونية كاملة فلها حق التقاضي[1] ولو كان ضد زوجها كما كان لها حق الإدلاء بشهاداتها امام القضاة بشكل متساوي مع الرجل ولها ذمة مالية مستقلة وكذلك ان باستطاعتها ان تمتلك كل أنواع الأموال سواء تلك التي كانت تملكها قبل الزواج وبعده[2]

وكذلك فان المراة كان من حقها ان تنهي علاقتها مع الزوج وان تعبر عن رأيها بعبارات مثل الكره او محبة الزوج او انك لست زوجي اوانها لم ترغب في العيش في بيت زوجها[3] .

---

(1) الدكتور عبد المجيد الحفناوي ، مصدر سابق ص 392 .

(2) عبد السلام الترما يتي ، تاريخ النظم والشرائع مطبوعات جامعة الكويت رقم 40 لسنة 1975 ص 100 .

(3) انظر الما دة 142ـــ 149 من قا نون حمورابي .

حقوق الإنسان

في الحضارة اليونانية القديمة

الكلام عن موضوع حقوق الفرد او الجماعة في الحضارة اليونانية فان ذلك يعني الحديث عن المجتمع اليوناني في أثينا كواحدة من دويلات المدن المتميزة انذاك . والمجتمع اليوناني الاثيني هو مجتمع مشدود بأواصر طبقية ووجود التمايز الطبقي والملاحظ ان المدن اليونانية قد تميزت بميزة مهمة وهي مشتركة ،كون جميع سكانها ينتمون الى طبقات ثلاثة مختلفة كل واحدة عن الاخرى سواء كان ذلك سياسيا ام قانونيا وليأخذ المجتمع شكل العدم الذي تشكل قاعدته طبقة العبيد الطبقة التي تشكل الدعامة الاقتصادية التي يقوم عليها النظام في دويلات المدن اليونانية [1]

واذا ما استشهدنا بآراء ((أرسطو)) (384 ـ 322) ق ـ م سوف نجد التبريرات المطروحة حول نظام الرق والعبودية فيقول ارسطو في كتابه السياسات من (ان الطبقية تظهر بجلاء ان البعض احرار بالطبع وان البعض ارقاء بالطبع) [2] كذلك الحال بالنسبة لا (افلاطون) (427 ـ 347) قد برز فكرة اخضاع الطبقة المنتجة دوما [3] وهذا التحليل الطبقي المستند على تبرير فكرة الرق والعبيد يوضح لنا هدر حقوق الانسان وتشويه ادميته .ولم يكن هذا الهدر يتعلق بالقبول بفكرة الرق ولكن ايضا حرمان طبقة الاجانب من الحقوق السياسية وكذلك حرمانهم من الزواج من احد افراد الطبقة الحاكمة[4]

---

(1) بطرس غالي ،ومحمود خيري حسين ،المدخل في علم السياسة ، القاهرة مكتبة الانكلوا۔ مصرية ، 1959، ص 48.

(2) ارسطو طا ليس ،السياسات ، ترجمة اوغسطين بربارة الجنة الدولية لترجمة الروائع الانسانية ، بيروت ، 1957 ،ص14 .

(3) غانم محمد صالح ، الفكرالسيا سي القديم ، بغداد ، دار الحرية ، 1980 ص 118 .

(4) علي احمد عبد القادر ، تطور الفكر السيا سي ، القاهرة ، مكتبة النهضة المصرية ،1970 ، ص 162

اما بالنسبة للنساء فنجد ان للرجال دون النساء فقد امتلكوا امتيازاخاصا وهذا يوجد او ينشأمعهم منذ الولادة والذي يتيح لها الحق بالمشاركة في الحياة السياسية والمدنية بالاضافة الى حق تولي الوظائف العامة التي هي من مميزات الشرعية للمواطن [1]

واذا عدنا الى رأي ارسطو حول المراة ، فنجد انه يرى ان المراة بالنسبة للرجل كالعبد لسيده ، او كنسبة العامل باليد للمفكر ،البربري للاغريقي ،فهي عبارة عن رجل ناقص التكوين لم يتم خلقه .والذكر بحكم الطبيعة اسمى مرتبة من الانثى وهو بالضرورة قوام عليها ،له ان يحكم وعليها ان تطيعه ذلك لانها ضعيفة الارادة .ويرى ارسطو انها عاجزة على ان تستقل بنفسها وخلقها دون ان تعتمد على مرشد يهديه سواء السبيل وان المراة تكون في خير حالها اذا ما قبعت في عقر دارها حيث الحياة هادئة ساكنة تاركة للرجل معترك الحياة الخارجية وهو يرى انه من الخطأان افلاطون قد ساوى بين الرجل والمراة في مدينته الفاضلة واذا نظرنا لواحدة من سمات الديمقراطية الاثينية لوجدنا انها ديمقراطية غير كاملة وغير مثالية لانها اقتصرت على الرجال دون النساء وان الجماعات الجمعية اقتصرت عضويتهاعلى الذكور دون الاناث [2]

ولو نظرنا الى طروحات بعض المدارس الفكرية اليونانية لوجدنا ان هناك بعض التطور حول تأكيد ادمية الانسان وانسانية وعدم هدر حقوق .

فالمدرسة السفسطائية اول من ركزت على عدم التمايز بين الانسان واخر سواء كان بسب اللغة ام الجنس او الدين وافلاطون الذي برر الرق في بداية حياته وافكاره نجده ينعطف في اتجاه اخر و في كتابه القوانين الذي دعا الى اشتراك الجميع في ادارة شؤون المدينة ،فضلا عن الى اقراره بالزواج كاساس اجتماعي لتكوين الاسرة ومن زوجة واحدة فقط دون تعدد الزوجات ،والدعوة الى المساواة بين الجنسين قبل التعليم المكفول لهم من الدولة .لقد اكد اليونانيون

---

[1] ثروت بدوي ، النظم السياسية ، دار النهضة المصرية ، القاهرة ، 1964 ، ص 41

[2] جورج سباين ، تطور الفكر ، ترجمة حسن جلال العروس ج1 ،دار المعارف القاهرة ، 1954 ، ص 24 .

القدماء على تطبيق المبادئ القانونية التي يستوحها عقل الانسان السليم من القانون الطبيعي فهو يؤدي تحقيق العدالة والمساواة بين الافراد [1]

ان من فكرة القانون الطبيعي ان الطبيعة خصت احد الكائنات في هذا الكون وهو الانسان با ((الفعل)) واوحت اليه ببعض المبادىء التي يستطيع الانسان تحقيق الانسجام مع اقرانه في علاقاته الاجتماعية فالعدالة كما تصورها الفلاسفة الرواقيون الإغريق هي مجموعة من المبادي التي يوصي بها العقل السليم والضمير الحي ويطبقها الناس وحدها في علاقاتهم الاجتماعية .

وترك مايخالفها ونتج عن ذلك مبدأ عدم التدخل في شؤون الافراد والمساواة بينهم بصرف النظر عن انتمائهم الطبقي والغاء الرق .

---

[1] الكتور محمد شريف احمد ، فكرة القا نون الطبيعي عند المسلمين ،دراسة مقارنة ، منشورات وزارة الاعلام العراقية ، دار الرشيد للنشر ، ص 1980

حقوق الانسان عند الرومان

العهد الملكي الروماني اوجد تمايزا طبقيا كبيرا فيما يتعلق بنيل الحقوق والواجبات،اذ استأثرت طبقة الاشراف بجميع هذه الحقوق مع حرمان طبقة العوام من معظم الحقوق العامة والخاصة[1]اما في العهد الجمهوري الروماني فنجد انه سمح للعامة بتولي الوظائف العامة الكبرى ذات السلطات التنفيذية ومنها وظيفة القنصلية[2]اما في العهد الامبرطوري فكانت الحقوق والحريات في منتهى التمايز ، اذ عاشت الطبقة الحاكمة في اقصى حالات البذخ والترف بينما عاشت الطبقة العامة في فقر[3] اما عن اسهامات الفكر الروماني في مجال حقوق الانسان فنرى ان (شيشرون) (106ـ 43) ق.م قد اكد وجوب ان يكون المواطنون جميعا سواء امام القانون وان يكون للعبيد نصيب من حقوق الانسان لكونهم بشرا وليس مجرد الآت يستخدمها السادة لغرض الانتاج[4].

وكذلك نجد المفكر (سينكا) (4 ق.م ـ 65 م) فقد نادى لمساواة الافراد جميعا لكونهم اخوة ينتمون الى دولة واحدة هي الدولة العالمية .

اما على صعيد التشريعات القانونية الرومانية فاننا نرى ان مجموعة (جستنان) القانونية (533 م) التي جمعت فيها كتابات كبار الفقهاء في العهد الروماني احتفظت للمراة بحقها في العمل والملكية اذ لم يعد هناك أي حرمان من الاهلية القانونية المستند على نوع الجنس عن احتسابه نظام الرق مخالفا لقوانين الطبيعة[5].

[1] عهد محفل ، تاريخ الرومان ج1 ، دار غندور بيروت ، 1974، ص 216 .

[2] ابراهيم نصحي ، تاريخ الرومان ، ج 1 دار النجاح ، بيروت ، ص 179

[3] جورج سباين ، تطور الفكر السياسي ، ج 2   ترجمة حسن بلال ، دار المعارف ، القاهرة ، 1964 ، ص 197 .

[4] بطرس بطرس غا لي ،ومحمود خيري ،مصدر سابق ، ص 101 .

[5] ميشيل فيليه ،القانون الروماني، ترجمة هاشم الحا فظ ، دار الحرية للطباعة   بغداد 1974 ص 75

الرؤيا حول المراة في ايام الرومان واليونان كما يصفها الكاتب الاغريقي (كوزينوفون) نجدها تكون نظرة او مجرد وعاء للتكاثر ومن ثم تختصر مهمتها على الانجاب ورعاية الابناء والاسرة . والبعض يرى كما يقول الكاتب الاغريقي ان المراة شريكة للرجل تتحمل معه اعباء الحياة (1) .

---

(1) الدكتورة نعيمة محمد عبد :جامعة الامارات العربية المتحدة ،كتاب دور المراة العربية في التنمية في الثمانينات ،مصدر ،ص 95 .

الفصل الثاني

حقوق الإنسان في الإسلام

- مفهوم حقوق الانسان في الاسلام
- القواعد الاساس لحقوق الانسان في الاسلام
- الحقوق المدنية والانسانية
- الحقوق الاجتماعية والاقتصادية
- مستقبل قضية حقوق الانسان

حقوق الإنسان في الإسلام

يحتل موضوع حقوق الانسان اهمية بالغة في الوقت الحاضر اذ اصبح من الادوات التي تستخدم في العلاقات الدولية ، فضلا عن اهميته كونه احد الثوابت الاساسية في الوجود الانساني . والاسلام طرح نفسه كنظرية الهية جاءت لتخاطب الفرد ولتحرره من القيود التي تحد من حركته في الحياة الدنيا سواء كانت تلك القيود ذاتية او موضوعية . فمن الطبيعي ان يكون لحقوق الانسان اهميته في التصور الاسلامي ، اذ ان اهم ركيزة اساسية في الفكر الاسلامي هي ركيزة العبودية لله تعالى وليس للغير ومن هنا حارب الاسلام ظاهرة الشرك وغيرها من الظواهر التي تتنافى مع التوحيد . لذا من خلال هذا الطرح نضع تصورا عاما لمفهوم حقوق الانسان في الاسلام ومن الطبيعي ان يكون الحديث فيه مركزا على الجوانب الايجابية التي يطرحها الاسلام لهذا المفهوم . وبقدر صلته بالطرح لمفهوم حقوق الانسان فان الذكر الوضعي والاعلان العالمي لحقوق الانسان يسمى هذه الحقوق بالحقوق الطبيعية ولذا فان ذلك يرتبط بالحقوق الطبيعية دون الحقوق المكتسبة المتغيرة تبعا لتغير الزمان والمكان . ومثلما ينطبق التصور الوضعي من مبادئ عامة في صياغة هذه الحقوق فان الاسلام تناول الحقوق المدنية والسياسية وكذلك الحقوق الاجتماعية والاقتصادية مع التركيز على المبادئ الاولى التي يستقي منها تلك الحقوق وكذلك التركيز على المنهج التحليلي لمصادر التشريع الاسلامي والفكر الاسلامي ليبرهن الفرضية القائلة ((ان تصور الاسلام لحقوق الانسان يتسم بالشمول والسبق الضمانات الاكيدة لتحقيقها)) ومن اجل ذلك فقد تم تقييم الانسان في الاسلام ومقارنته بالفكر الوضعي المتمثل بالاعلان العالمي لحقوق الانسان الصادر عام (1948) . في حين ركز المطلب الثاني على المبادئ الاساسية التي يستقي الاسلام منها تصوراته الفرعية لحقوق الانسان خاصة منها المساواة في الناحية البايولوجية

بين بني البشر وكذلك حرية الانسان العامة دون التمييز بسبب العقيدة واللون والجنس . في حين تناول المطلب الثالث الحقوق المدنية والسياسية التي يتمتع بها الانسان سواء كان مسلما ام لا في اطار الشريعة الاسلامية . كما تناولنا الحقوق الطبيعية التي تنظم علاقة الانسان بالمجتمع اجتماعيا واقتصاديا .

مفهوم حقوق الانسان في الاسلام

لابد في البدء من تحديد مفهوم حقوق الانسان بصفة عامة ، اذ يعد حديث الاستعمال نسبيا كمصطلح وان كان له امتداد زمني كبير ، وبما ان الموضوع يرتبط بمفهوم حقوق الانسان فلابد من الحديث عن هذا المفهوم من الوجهة الوضعية ثم نعرج للحديث عنه من الوجهة الاسلامية لنعرف مدى التباين في المفهومين .

فاذاعدنا الى الكتابات ذات الاتجاه الوضعي([4]) يعبر عنها بانها مجموعة الحقوق الطبيعية التي يمتلكها الانسان واللصيقة بطبيعته والتي تظل موجودة وان لم يتم الاعتراف بها ، بل اكثر من ذلك حتى ان انتهكت من سلطة ما . ويسعى بعض الباحثين ([5]) الى التفرقة بين الحقوق الايجابية والحقوق السلبية حيث يطلق على الاولى الحقوق الطبيعية والتي تتميز بممارستها عن طريق ما تنص عليه بنود القانون ولكن لاتجد لها تطبيقا في الواقع مثل حق الفرد في مغادرة بلده او العودة اليه ضمنه البند الثاني من المادة (13) من الاعلان العالمي لحقوق الانسان .

(1[1]) محمد سعيد مجذوب ، الحريات العامة وحقوق الانسان ، مطبعة طرابلس ، بيروت ، 1986 ، ص 9 ، مصدر سابق تم ذكره .

(2[1]) احمد ظاهر ، حقوق الانسان ، عمان ، ط1 ، 1988 ، ص 112

ويذهب اخر([6])على اخفاء وصف حقوق الانسان على تلك التي تقع خارج اطر القانون الوضعي بينما مفهوم الحريات العامة يتضمن مجموعة محددة من الحريات اعترف بها القانون ونظمها وضمنها .

من خلال ماسبق ذكره يمكن القول ان حقوق الانسان تتمتع بالخصائص الآتية التي تميزها عن غيرها وهي ([7]) :-

- انها حقوق طبيعية تولد مع الانسان وتعد من مكوناته سواء اعترفت الدولة بذلك ام لم تعترف ولكن ليس من الضروري ان تكون هذه الحقوق ذات وجود على مدى الدهور اذ قد تختفي حتى مع اعتراف الأنظمة بها خاصة بعد تغير انظمة الحكم الى اخرى لا تقيم وزنا للشعب ولا لارادته وحرياته .
- ان دور الدولة يتمثل في تقنين هذه الحقوق الطبيعية وتنظيم عملية ممارستها دون ان يعني ذلك ان الدولة قد تعترف بجميع هذه الحقوق وانما قد تعترف ببعضها مع بقاء البعض الاخر دون الاعتراف به ، واذا ماعدنا الى الاعلان العالمي لحقوق الانسان فاننا نجد انه يتضمن ثلاثة جوانب اساسية ([8]) وهي :-

1. مجموعة الحقوق المدنية والسياسية وتضم الحق في الحرية وعدم جواز التوقيف التعسفي ، الحق في محاكمة عادلة وعد المتهم بريئا حتى تظهر ادانته ، عدم جواز اخضاع احد للتعذيب ، تحريم الاسترقاق حق الانسان في الاعتراف بالشخصية القانونية ، الحق في حرية الفكر والوجدان والدين

([6]) محمد سعيد مجذوب ، مصدر سابق ، ص10 .

([7]) بهذا الخصوص انظر : د. محمد احمد مغشي ، النظرية السامية الاسلامية في حقوق الانسان الشرعي ، دراسة مقارنة ، كتاب الامة 25 مؤسسة الخليج للنشر والطباعة ، قطر ، ط1 ، 1990 ، ص26 .

([8]) باسيل يوسف : حقوق الانسان والامن القومي ، مجلة شؤون سياسية ، دار الشؤون الثقافية العامة ، بغداد ، العدد (2) اذار 1994، ص123-124 ، كذلك انظر الاعلان العالمي لحقوق الانسان .

الحق في اعتناق الاراء وحرية التعبير ، الحق في تكوين الجمعيات والنقابات ، حق الطفل في اكتساب جنسية وحمل الاسم ، حق المواطنين في ادارة الشؤون العامة دون أي تمييز وكذلك تقلد الوظائف العامة .

2. مجموعة الحقوق التي تكون بمثابة قواعد آمرة مثل عدم التمييز بين الاشخاص على اساس اللون او العنصر او الجنس او الدين او المعتقد او اللغة او النشاط الاجتماعي او الراي السياسي .

3. مجموعة الحقوق الاقتصادية والاجتماعية وتتضمن الحق في العمل وتقاضي الاجور المنصفة ، الحق بتشكيل نقابات ضمان اجتماعي ، الحق في مستوى معيشي كاف والحق في التحرر من الجوع . حق التمتع باعلى مستوى من الصحة الجسمية والعقلية ، الحق في التربية والتعليم ، الحق في المشاركة في الحياة الثقافية والتمتع بفوائد التقدم العلمي .

واذا كان مفهوم حقوق الانسان فهل ان الانسان وفق التصور الاسلامي يتمتع بحقوق طبيعية ومن هو مصدرها ؟

قبل الاجابة عن هذين التساؤلين لابد من تحديد الحق لدى علماء الكلام والاصول الإسلامي ، فالحق هو (مايجب ان يتحقق في ذاته ويترتب على تحقيقه مصلحة او دفع مضدة من المباشر لتحقيقه والحق ينتهي الى العدل والطريق الى تحقيق الحق هو ممارسة العدل والاحسان من جانب الافراد في المجتمع ومن جانب الدولة كذلك [9]) .

[9] محمد البهي ، حقوق الانسان في القران ، بحث ضمن حقوق الانسان في الاسلام ، مجموع البحوث الاسلامية ، القاهرة ، 1971 ، ص46 .

واذا كان هذا مفهوم الحق بصفة عامة فان هناك [10] من يذهب الى ان الاسلام نادى بوجود حقوق طبيعية للناس باعتبارهم آدميين فالاسلام يقرر في النصوص العامة للدين حقوق الانسان الطبيعية تقريرا لا جدال فيه كقوله تعالى :

((يَا أَيُّهَا النَّاسُ إِنَّا خَلَقْنَاكُمْ مِنْ ذَكَرٍ وَأُنْثَى وَجَعَلْنَاكُمْ شُعُوباً وَقَبَائِلَ لِتَعَارَفُوا إِنَّ أَكْرَمَكُمْ عِنْدَ الـلـه أَتْقَاكُمْ إِنَّ الـلـه عَلِيمٌ خَبِيرٌ)) [11] . ويذهب احد الباحثين الى ان اصطلاح حقوق الانسان يقصد به اساسا الاشارة الى ماينبغي الاعتراف به للافراد من حقوق تحتمها الطبيعة الانسانية كحد ادنى وتفرضها فرضا لازما ضمانا لحرية الافراد من تحكم الدولة واستبدادها .

وهنا نتساءل اذا كان الاسلام يعتمد حقوقا طبيعية للانسان فهل يلتقي مع الحقوق الطبيعية التي قدرها الاعلان العالمي ؟

الجواب ان الاسلام اكد بوجود مثل هذه الحقوق الا انه يختلف عن الاعلان العالمي من ناحيتين :

الاولى : مصدر هذه الحقوق :

يقدر الاسلام ان تقرير الحقوق والواجبات مصدرها الـلـه تعالى الذي هو الحق المبين وتشريعه العدل المطلق الايجابي ولا يتحامل وهذا يعني امورا عدة [12] :

ا- اعطاء مضمون حقوق الانسان في الاسلام عمقا عقيديا بحيث يطالب المرء بحقه في اصرار وثبات ويجاهد لاجله لانه من امر الـلـه الذي ينبغي الا يفرط به والا كان من الظالمين .

[10] غلام محمد نيازي ، حقوق الانسان في الاسلام ، بحث ضمن المصدر السابق ص128 .

[11] سورة الحجرات آية (13) .

[12] د. محمد فتحي عثمان ، حقوق الانسان بين الشريعة الاسلامية والفكر القانوني الغربي ، دار الشرق ، بيروت ، 1982 ، ص16-20 .

ب- ان ربطها بالله تعالى يعطي هذه الحقوق ما يضمن تطبيقها ويصبح الايمان بالله حارسا عليها ودافعا للحفاظ عليها والنضال لاجلها وبالتالي فهو تحذير للمشاعر وتبرير للاستسلام والخضوع والتواكل طالما ان المؤمن يؤمن بالله تعالى هو خير رقيب وحسيب ولا يضرب عن عمله مثقال ذرة في الارض ولا في السماء .

ج- هنا نجد ان حقوق الانسان بالمفهوم الاسلامي مستمدة من الحكمة الالهية وليست من الطبيعة الانسانية كما تذهب المدارس الوضعية التي تتعامل مع حقوق الانسان وكانها منحة تمنحها الدولة متى تشاء فضلا عن الى ذلك ان علمه تعالى يجعل من المستحيل ان يحدد حقوقا للانسان تتعارض مع الغاية الاساسية للوجود في الطبيعة وهو الاستخلاف .

الثانية: من ناحية التنفيذ :

من المعلوم لدى الكثير ان الزام الدول باعلان حقوق الانسان لم يات كراهية بل الدولة حرة في اعلان المصادقة عليه والالتزام بما جاء فيه ام لا ، مما يجعل حقوق الانسان من ناحية تقريرها او الاعتراف بها وهي قرارات الادارات الحاكمة ووقوع ماتمثله مصلحة الحكومة او النظام .

في حين ان الاسلام يلزم اقراره بتطبيق هذه الحقوق ويعدها الزاما شرعيا يجب الوفاء فيه والا تعرض صاحبه الى المسائلة القضائية وفق المنظور الاسلامي لقد ادرك الانسان حاليا على الرغم من الاتفاق على ذلك الحاجة الى وجود الزام دولي بالاعلان العالمي لحقوق الانسان وبالتالي عاد الى الاسلام ليلتقي مع نظرته التي كان قد اعلن عنها منذ اربعة عشر قرنا وليشهد بواقعية المبادئ التي جاء بها الاسلام .

الثالثة: ان الاسلام وان اعترف بوجود حقوق طبيعية للانسان سواء كانت قواعد آمرة او حقوق مدنية سياسية او اقتصادية واجتماعية

الا انه لم يجعلها مطلقة كما هو الحال مع الغرب وانما جعلها مقيدة بامرين اثنين :

- مقدار الفائدة المتحققة من وراء هذه الحقوق ولذا مثلا نجده في حق البيع والتملك منع الناس من المتاجرة بالخمر تكون مضاره اكثر من منافعه كما اشارت الى ذلك الاية القرانية الكريمة بل ذهب الفقهاء الى تقييد حقوق الانسان وفق قاعدة (ماكان كثيره ضارا فقليله حرام).

- اذا تعارضت حقوق الفرد مع حق الجماعة فان الاسلام يقدم الجماعة على الفرد وبالتالي يمثل هذا قيدا مهما على الحقوق الطبيعية للانسان فمثلا من الحقوق الطبيعية للانسان حق التملك وحق الحياة الذي كفلته المادة الاولى في فقرتها الاولى من الاعلان العالمي لحقوق الانسان [1].

(حياة الانسان مقدسة لايجوز ان يعتدى عليها) اما في الاسلام فتوجد امكانية سلب الحياة من الانسان في حالة انتهاكه لبعض المبادئ التي توجب زهق الارواح في الاسلام ولكن وفق الاجراءات التي تقرها الشريعة الاسلامية (الارتداد عن الدين) .

والخلاصة هي الحقوق الانسانية مصطلح يراد به الاشارة الى الحقوق الطبيعية التي تعد من مستلزمات الوجود الانساني على الارض والاسلام لاينكر هذه الحقوق . لكن يمثل تطورا في اتجاه النظرة اليها من خلال الزامه الاخرين بوجوب الالتزام بها والا تعرض للعقاب .

---

[1] انظر : الاعلام العالمي لحقوق الانسان ، كتاب محمد الغزالي ، حقوق الانسان بين تعاليم الاسلام واعلان الامم المتحدة ، دار التوفيق ، القاهرة .

القواعد الأساسية

لحقوق الإنسان في الإسلام

تمشيا مع التقسيم لحقوق الانسان فاننا سنوضح عن وجود قواعد اساسية في الاسلام وهي حقوق ونعني انها تحكم ويشتق منها بقية الحقوق الاخرى وتاتي في مقدمة هذه القواعد امرين اساسيين هما :

1. حق الانسان في الحياة .
2. الحرية التي يتمتع بها الانسان .

الاولى : حق الانسان في الحياة :

الاسلام كفل حق الحياة للناس فلايجوز الاعتداء على النفس التي حرم اللـه تعالى الاعتداء عليها. فالحياة منحة من اللـه تعالى غز وجل منحها للانسان كما منحها لسائر المخلوقات فلايجوز المساس بها او انتزاعها بغير ارادته [1] تعالى هو كما قال عز من قائل(انا نحن نحيي ونميت ونحن الوارثون) وانطلاقا من هذا المبدا الذي يمثل حقا طبيعيا لكل انسان عد الاسلام ازهاق الروح جريمة ليست ضد الفرد وانما ضد الانسانية نفسها بقوله تعالى(مَنْ قَتَلَ نَفْساً بِغَيْرِ نَفْسٍ أَوْ فَسَادٍ فِي الْأَرْضِ فَكَأَنَّمَا قَتَلَ النَّاسَ جَمِيعاً وَمَنْ أَحْيَاهَا فَكَأَنَّمَا أَحْيَا النَّاسَ جَمِيعا) [2]. ومن الجدير بالذكر ان هذه هذا الحق لايختص بالمسلم وانما يمثل المسلم وغير المسلم فهم متساوون في حرمة الدم واستحقاق الحياة والاعتداء على المسالمين من اهل الكتاب هو كالاعتداء على المسلمين وله نفس الجزاء في الدنيا والاخرة ويؤمن الاسلام بان حق الحياة ليس حقا انسانيا وانما هو حق اللـه تعالى هو الذي يقرر مصير هذا الحق ومدته وانطلاقا من الفهم فان الاسلام وضع

---

(1) توفيق علي وهبة ، حقوق الانسان بين الاسلام والنظم العالمية ، مطبعة الاهرام ، القاهرة ، 1971 ، ص26

(2) سورة : المائدة اية 32 .

مقيدات على حرية الانسان في استخدام حق الحياة مثلما وضع قيودا على الدولة في هذا المجال فمن اجل تاكيد هذا الحق , استخدام ما يأتي :

1. منع الحاكم من الاعتداء على حياة الافراد واشاعة الرعب والفوضى في المجتمع نتيجة قتلهم لان ذلك يتنافى مع الغاية من وجود الانسان في الحياة الدنيا فقد قرر الاسلام حق الفرد في الحياة وعلى وجوب صيانتها من كل ما يعتدي عليها او يتلفها او يضعفها[3] .

2. حارب كل مظاهر الرهبنة والتصوف والعيش تحت وطاة الفقر فقد جعل الاسلام من واجب الانسان العناية بنفسه من خلال الاهتمام بالجانب الصحي من خلال تحميل الانسان مسؤولية هلاك نفسه اذا تجاهل امر العناية بها .

3. حمل الاسلام المجتمع مسؤولية المحافظة على ارواح الاخرين من خلال مبدا التكافل والضمان الاجتماعي خاصة في حالات الغرق والحرق اذ يتحمل كل من كان قادرا على انقاذه ولم ينقذه مسؤولية تدمير حياته بل اكثر من هذا كفل حتى اللقيط حق الحياة من خلال ما اوجبه على الناس من ضرورة التقاطه والعناية به .

4. نهى الاسلام عن قتل النفس والانتحار تحت اية ذريعة من الذرائع حتى عد المنتحر احد الداخلين الى النار لانه تجاوز على حق اعطاه الله تعالى له (وَلا تَقْتُلُوا أَنْفُسَكُمْ)[4] .

5. حرم الاسلام قتل الجنين بمجرد تكون النطفة مهما كانت الظروف والاعتذار واباح فقط في حالة الخوف على حياة الام من الموت وان ظهرت بعض الاتجاهات التي تعتقد بجواز ذلك اذا كان الجنين مشوها[5]

---

(3) احمد فتحي بهنس ، التعددية في الاسلام ، بيروت 1979 ، ص17.

(2) سورة النساء اية 29

(5) عبد القادر عودة ، التشريع الجنائي في الاسلام ، بيروت 1977 ، الجزء الثاني ، ص13 .

6. .احتاط الاسلام ليس المحافظة على النفس وانما احترز من المخاطرة بها وان لم تؤد الى الموت كما جاء في قوله تعالى (لاتلقوا باديكم الى التهلكة) .

7. ومع هذا فان الحق ليس مطلقا اذا اباح الاسلام للافراد والدولة قتل الانسان وازهاق روحه في الحالات الاتية [6] :-

- ارتداد الانسان عن دينه وخروج من عهدها وانتهاك امانة .
- ارتكاب بعض الجرائم كالزنا وقطع الطريق والقتل العمد .
- عندما يصبح الشخص مهدور الدم من الحاكم الشرعي ولكن لايسمح للافراد بممارسة القتل الا بموافقة الدولة .
- من ينتمي الى دولة محاربة .

من الجدير بالذكر ان هذا الحق ايضا مقيد بالصالح العام اذ ان للدولة طبقا للقانون حق انتزاع حق الحياة من بعض الافراد وذلك لقوله تعالى (وَلَكُمْ فِي الْقِصَاصِ حَيَاةٌ يَا أُولِي الْأَلْبَابِ لَعَلَّكُمْ تَتَّقُونَ)[7]. وتعدى الاسلام هذا الامر بالحرية الفردية وانما امتد الى النظر الى حق الجماعة في الحياة ايضا اذ منع ان يتعدى شعب على شعب اخر بالعدوان والقتل مالم يكن هناك سببا مقبول[8] .

ثانيا : الحرية التي يتمتع بها الانسان

ان اوربا شهدت اول اعتراف بحقوق طبيعية للمواطن في 26 آب 1789 في فرنسا عندما اعلن عن ما يسمى في حينه بـ(اعلان حقوق الانسان والمواطن) الذي اعترف بان الحقوق الطبيعية للمواطن الحرية [9] .اما الاسلام فقد اكد قبل هذا بان الانسان حر ولايمكن ان يكون عبداً او مملوكاً لاحد الا الله تعالى فهو ليس مملوكا لفرد اخر ولا حتى الدولة ويتمتع بحريته الكاملة وحقوقه

([6]) عبد القادر عودة ، مصدر سابق ذكره ، ص16 .

([7]) القران الكريم ، سورة الاية .

([8]) توفيق علي وهبة ، مصدر سبق ذكره ، ص25 .

([9]) روبير بيلو ، المواطن والدولة ، ترجمة نهاد رضا ، بيروت ، ط3 ، ص25 .

المتساوية مع جميع الافراد في المجتمع [10] ان الاسلام بحد ذاته ثورة على العبودية الانسانية ومحاولة لتصحيح العلاقة بين الانسان واخيه الانسان الى مبدا الحرية ورفض أي خضوع لانسان اخر وقوله تعالى (اياك نعبد) اشارة واضحة على ان الجميع عبيد اللـه ولا امتياز لاحد على احد . وعملا بهذا المبدا جاء في البيان العالمي لحقوق الانسان في الإسلام ما نصه (حرية الانسان مقدسة كحياته سواء وهي الصفة الطبيعية الاولى التي بها يولد الانسان وهي مستصحبة معه وليس لاحد ان يعتدي عليها ويجب توفير الضمانات الكافية لحماية حرية الافراد ولايجوز تقييدها او الحد منها الا سلطات الشريعة وبالاجراءات التي تقرها) ولكن حرية الانسان وعدم عبوديته ايضا ليست مطلقة فالانسان الذي يرتضي لان يكون عبدا لغيره من خلال طاعته وتنفيذه اوامره وخاصة في مواجهة تلك التي تريد سلب الاخرين حقوقهم وبالتالي فان الاسلام اجاز الاسترقاق وفي الاصل ان الاسلام لم يجز الرق والعبودية وانما المحارب للإنسانية ، هو الذي ارتضى ان يكون عبدا لغيره والاسلام حاول نقل هذه العبودية من الشخص الجائر الذي يستخدمها في مناهضة حقوق الاخرين الى اناس يلتزمون بالشريعة الاسلامية هادفا من ذلك جملة من الامور منها :

1. خلق حالة من الضعف في الخصم من خلال رق مقاتليه الذين يحملون السلاح وبالتالي فانه يغير من الموازنة العسكرية لصالحه في الجانب العسكري ويعود بالنفع على مستقبل الدعوة الاسلامية .
2. ان الاسلام لجأ الى هذا الطريق الذي هو افضل الطرق اذ ان امام المحارب اما القتل او العبودية وبذا ضحى الاسلام بالحرية مقابل حق الحياة ، لان في ظل العبودية يستطيع الانسان ان يقدم خدمات اما ازهاق الروح فان معنى ذلك قتل الطاقات الانسانية .

---

(10) توفيق علي وهبة ، مصدر سبق ذكره ، ص65 .

3. ان الاسلام في الوقت الذي اباحه في حالات خاصة الرق لاسباب امنية ودعائية فان فتح مجالات واسعة امام العبيد للتحرير اذ جعل كفارة الذنوب عتق رقبة على نحو الوجوب الترتيبي ، فضلا عن الحث المستمر على تحرير العبيد حتى انه ورد من ضرب عبده دون حق فقد وجب عتقه .

الحقوق المدنية والإنسانية

يراد بالحقوق المدنية ان يكون الشخص اهلاً لتحمل الالتزامات واهلا لتلقي الحقوق فيبرم العقود المشروعة ولايرد حريته هذه قيود تمنعه من ممارستها الا ما نص عليه من القوانين[11] ، في حين يراد بالحقوق السياسية احد امرين[12] :-

* حق كل انسان في توليه الوظائف الادارية صغراها وكبراها مادام اهل لتوليها

* حق كل انسان في ان يبدي رايه في سير الامور وتخطيتها او تصويبها وفق ما يعتقد وفلسفة هذه الحقوق تقوم على اساس مبدا المساواة التي نادى بها القران الكريم في الجوانب الحياتية ، اذ يقر الاسلام ان التفاوت الانساني يتنافى مع الطبيعة البشرية فالناس من ناحية اصل الخلقة سواسيةلافرق بينهما سواء كانوا رجالا او نساء. فالتصور القراني يطرح ان البشرية مصدرها واحد هو آدم وحواء وبالتالي لاتفاضل بينهما من هذه الناحية ، فالاسلام محى من المجتمع كل نزعة الى التفرقة العنصرية والحق ان لون الجلد الانساني لايسوغ ان يكون مثار تقييم او تاخير فالمدار على الخلق والقيم في تحديد القيم والمكانة الاجتماعية للانسان[13]والظاهر ان قائم على اساس عقيدة القيم والمكانة الاجتماعية للانسان[14] (يايها الناس انا خلقناكم من ذكر او انثى وجعلناكم شعوبا وقبائل لتعارفوا) ، اذ يلاحظ على هذا النص انه فرض المساواة بصفة مطلقة فلا قيود ولا استثناءات وانها فرضت المساواة على الناس كافة اذ نص

---

[11] توفيق علي وهبة ، مصدر سابق ذكره ، ص 68 .
[12] محمد الغزالي ، مصدر سبق ذكره ص59 .
[13] توفيق علي وهبة ، نفس المصدر ، ص29 .
[14] سورة الحجرات ، ابدية (13) .

القران بان الناس خلقوا من اصل واحد من ذكر وانثى فلا تفاضل اذا تساوت الاصول وانما المساواة . وان وحدة اصلهم ترشحهم الى المساواة في الحقوق والواجباتوالمسؤوليات فلا فضل لرجل على اخر[15] .فيما يتعلق بالحقوق المدنية يضع الاسلام مجموعة من الحقوق يمكن الاشارة الى بعض منها بالاتي :

اولا: حرية الفكر :-

اطلق الاسلام حرية الفكر ولم يحجر عليها بل اباحه لهم ابداء ارائهم عن أي شيء ولم يقف الاسلام في طريق التفكير العلمي وانما استحثهم على النظر في ظواهر الكون وحفزهم على التامل في خلق الله [16] ولايوجد في الاسلام احتكار في العلم وهما يمثلان اهم الحريات التي يحتاج اليها . والحرية الفكرية لايمكن ان تكون مطلقة والا ادت الى الفوضى والضياع وهناك مظاهر للحرية الفكرية منها :

- حرية العقيدة ويراد بها اعطاء الفرد الحرية الكاملة في عقيدته بحيث لايجبر على اعتناق عقيدة مخالفة لما يريد ولعل اباحة القتل بوجه المشركين كان جانبا منه يتمثل في منع المشركين المسلمين من اعلان اسلامه بما يتنافى مع حرية العقيدة[17] .
- يرى احد الباحثين ان الاسلام دعا الى اعتناق الدين الاسلامي عن طريق الاقتناع ولم يدع الى استعمال العنف ولكن عليه ان لا يفكر بحيث يصبح مرتدا فان عقوبته وان لم يسرد في القران ما يشير الى هذه العقوبة ولاحتى رسول الله فعل ذلك ولكن ظهرت كما يشير الباحث في خلافة ابي بكر بعد الارتداد الذي حصل في خلافته وقتل

---

(15) عبد القادر عودة ، الاسلام واوضاعنا السياسية ، دار المختار الاسلامي ، القاهرة ، بدون تاريخ ، ص279-280 .

(16) توفيق علي وهبة ، مصدر سابق ذكره ، ص 6 .

(17) محمد فاروق النبهان ، نظام الحكم في الاسلام ، جامعة الكويت ، الكويت ، 1974 ، ص235

المرتدين بعد استتابهم[18] . والذي يبدو ان الراي لايستند الى دليل شرعي لاسباب عدة

منها :-

1. انه ليس كل الاحكام القضائية وردت في القران الكريم وانما اغلبها جاء عن طريق السنة النبوية .

2. ان الاجماع انعقد بين المسلمين على قتل المرتد وسواء قلنا بان الاجماع مصدر للتشريع الاسلامي وكاشف عن دليل شرعي فانه يشير الى وجود مثل هذا الحكم.

3. وعلى فرض انه لم يوجد فان فعل ابي بكر في قتل المرتدين لم يلاق معارضة من الصحابة في حينه وانما المعارضة حصلت في قتال مانعي الزكاة وليس المرتدين ممايعني ان الامة تقبلت قتل المرتد .

ثانيا : المساواة امام القضاء :-

بمقتضى هذه المساواة يكون جميع الافراد متساوين في نظر القضاء يحتكمون لمحاكم واحدة وتطبق عليهم قوانين واحدة لايجوز انشاء محاكم خاصة بطبقة من الناس لسمو مكانتهم او علو درجتهم لان جميع الناس متساوون في نظر القضاء[19] .

ثالثا: الحرية الشخصية :-

وتعد من لهم الحريات والحقوق ولايمكن اقرار أي نوع من الحريات الاخرى مالم تكن الحرية الشخصية مصانة ومعترف بها وتشمل الحرية الشخصية[20] .

• حرية التنقل :- اذ يحق للفرد وبمقتضاه ان ينتقل من مكان الى اخر وان يخرج من البلاد ويعود اليها دون قيود .

---

(18) احمد محي الظاهر ، مصدر سابق ، ص149-150 .

(19) محمد فاروق النبهان ، مصدر سابق ، ص230 .

(20) نفس المصدر السابق ، ص230 .

- حرمة الامن :- اذ لايجوز في نظر الاسلام القاء القبض على أي فرد مالم يكن ذلك سببا بجريمة تستحق عقوبة السجن .

- حرمة المسكن :- ويطلق اسم المسكن على المكان الذي يسكن فيه الفرد بشكل دائم او مؤقت وللمساكن الخاصة حرمة لا يجوز اقتحامها او تفتيشها الا عند الضرورة وباذن ساكنها.

رابعا : الحقوق الادبية :-

تعرف بحرية القول والفعل . فكل انسان حر فيما يقول او يفعل بشرط ان لايخرج عن حدود الاخلاق والمبادئ الاجتماعية ولايتخطى بذلك حدود النظام والاداب العامة لان كل الحقوق في الاسلام مقيدة بعدم الاضرار بحقوق الاخرين فلا يسير الفرد على هواه وهذه الحرية تدفع الانسان الى العبودية لله وحده وعدم اذلال النفس الا لله تعالى[21] .

والبعض [22] عد حرية القول حقا لكل انسان وواجبا على كل مسلم في كل مايسمى الاخلاق والمصالح العامة بشرط الا يمس هذا المصالح ايضا .

اما فيما يتعلق بمجموعة الحقوق السياسية فان الفلسفة السياسية في الاسلام قائمة على اساس الشورى (وشاورهم في الامر) (وامرهم شورى بينهم) مما يعني ان الاسلام اعطى للنظام طابعا يتمثل في حرية الشعب في اختيار الحاكم ومراقبته وتصحيح اتجاهات سياسته واحيانا في الثورة عليه ، والا كيف يمكن ان نفهم مبدا المشاركة الشعبية في ادارة الشؤون العامة للبلد ويمكن الاشارة الى بعض هذه الحقوق بالاتي :

---

[21] توفيق علي وصية ، مصدر سابق ، ص70 .

[22] عبد القادر عودة ، مصدر سابق ، ص285 .

- حق الاختيار

النظام السياسي في الاسلام قائم على مبدأين اساسيين هما المساواة السياسية بين المسلمين وضرورة وجود حكومة ومن متابعة التطورات السياسية التي يشهدها الاسلام فانه مر بمرحلتين اساسيتين ومن مراحل اختيار الحاكم وهي :-

أ- التعيين الالهي للحاكم وتمثل باختيار الرسول قائد سياسيا للامة بغض النظر عن الاتجاهات التي تحاول ان تنكر الصفة السياسية له[23] وفي هذا الاطار لاحق للامة في ان تختار حاكما سياسيا مع وجود الحاكم الالهي ولاحتى في اختيار هذا الحاكم ولذا نص القران على اولئك الذين اعترضوا على قرار التعيين الالهي لرسول الله (ص) ووصفهم بالجهل .

ب- اما في الحالة الثانية وهي عدم التعيين الالهي منطبق لمبدا الشورى يحق للامة ان تختار حكامها .

- حق المعارضة :-

ان حدث ومنع الحاكم المسلمين من التمتع بحرياتهم وحقوقهم فان الاسلام لايرضى ذلك ولايقبل ان يكون موقف المسلم سلبيا بل يفرض عليه ان يؤدي واجبه وان يعمل على تصحيح الاوضاع الجائرة من استطاع الى ذلك سبيلا[24] .

ويذهب اخر ان التعقيب على اخطاء الحاكم بالنقد ليس امراً مباحا فحسب كما يظن من مفهوم كلمة الحرية السياسية بل هو في تعاليم الاسلام حق الله تعالى على كل قادر وتصل الحالة الى خلع الحاكم الخائن لمبادئ الاسلام وما جاء به الله تعالى ورسوله وجماعة المسلمين امراً واجباً . وان كانت هناك من الاتجاهات الكلامية ما ترى في الثورة على الحاكم وخلعه خروجا على مبادئ الاسلام وكما

---

(23) علي عبد الرزاق ، الاسلام واصول الحكم ، مطبعة القاهرة ، 1925 .

(24) احمد شلبي ، السياسة في الفكر الاسلامي ، مكتبة النهضة المصرية ، القاهرة ط1 ، 1983 ، ص133 .

ذكرنا في ذلك عن ابي حنيفة اذ يسمي الثائرين بالبغاة ولكن اذا ما اخذنا بنظر الاعتبار حقيقتين اساسيتين هما احتمالية خطأ الحاكم وحق الحاكم وحق المساواة في ادارة شؤون الدولة يصبح من الضروري ان يتمتع الانسان المسلم بحق الثورة وتغيير الاوضاع الجائرة بما يتماشى مع الصالح العام ووفق المبادئ الاسلامية وهكذا نخلص الى نتيجة اساسية ان الاسلام راى في الانسان محور ومرتكز الحياة في الارض ولتضمن له في جانبه المدني والسياسي كل مايؤهله ليمارس دوره في الحياة اذ اعطاه حقوقا عدة من متممات الشخصية الاسلامية وهو لم يترك هذه الحقوق دون تهيئة الاليات اللازمة للحصول عليها وبهذا فان الاسلام يعد اكثر تطورا وابعد نظرا في معالجة حقوق الانسان حتى من الدولة الحديثة التي كثيرا ما كان تعبير حقوق الانسان نظريا كلا او جزءا .

الحقوق الاجتماعية والاقتصادية

يراد بالحقوق الاجتماعية اذا ما نظر الى الاعلان العالمي فانها تلكم الحقوق التي تنشا بحكم كون الفرد شخص في مجتمع ما ، واذا اردنا الكلام عن الاجتماعية بصورة الاقتصادية في اطار المطلب يراد بها العلوم الخاصة بالاجتماع نفسه ومن هنا فان الحقوق الاجتماعية تتحدد بالاتي :-

اولا: حق الإنسان في العلم :

الاسلام لايوجد فيه احتكار للعلم بل دعا الى العلم واوجبه على كل مسلم ومسلمة ورفع من شأن المتعلمين حتى قال (قُلْ هَلْ يَسْتَوِي الَّذِينَ يَعْلَمُونَ وَالَّذِينَ لا يَعْلَمُونَ)(الزمر: من الآية9) بل زاد في بعض اياته ان فضل المتعلمين على المؤمنين بقوله تعالى (يرفع الله الذين آمنوا منكم واوتوا العلم درجات) وطالب الاسلام بنشر العلم وعدم احتكاره بل وتوعد على ذلك توعدا شديدا [25] كما جاء في قوله تعالى :

(إِنَّ الَّذِينَ يَكْتُمُونَ مَا أَنْزَلْنَا مِنَ الْبَيِّنَاتِ وَالْهُدَى مِنْ بَعْدِ مَا بَيَّنَّاهُ لِلنَّاسِ فِي الْكِتَابِ أُولَئِكَ يَلْعَنُهُمُ اللـه وَيَلْعَنُهُمُ اللَّاعِنُونَ ، إِلَّا الَّذِينَ تَابُوا وَأَصْلَحُوا وَبَيَّنُوا فَأُولَئِكَ أَتُوبُ عَلَيْهِمْ وَأَنَا التَّوَّابُ الرَّحِيمُ)[26].

واذا ما عدنا الى القران الكريم فاننا نجده دعوة بمجمله الى استخدام العقل والعلم بمجاهيل الطبيعة ، الكثير من اياته داعية الى العلم والى التعليم بل اكثر من ذلك جعل خشية اللـه تعالى موقوفة على العلماء (إِنَّمَا يَخْشَى اللـه مِنْ عِبَادِهِ الْعُلَمَاءُ)(فاطر: من الآية28)) . وزاد تعالى في اهمية التعليم وحق الانسان في ذلك بان دعى الى التامل والتفكير ونبذ التقييد الاعمى حتى تكون العقيدة منبثقة

---

[25] توفيق علي وهبة ، مصدر سبق ذكره ، ص71 .

[26] القران الكريم ، سورة   اية .

من قناعة وجدانية مستمدة من التامل الواعي والتفكير الناضج ولذلك جاء القران الكريم منددا بعقيدة المشركين المنبثقة من مجرد التقليد[27] .

ثانيا- حق المعيشة في مستوى لائق :-

اعطى الاسلام حق المعيشة للانسان والامن والاستقرار في المجتمع الاسلامي ،وليس من الاستنتاج القول انه جاء لتحقيق هذه الحقوق التي سلبها المجتمع الجاهلي ، فهو دعوة الى الايمان والاستقرار في الدنيا ، ومن هنا فان الاسلام لم يفرق في موضوع الوظائف العامة بين مسلم واخر اذ عد الجميع في نظر الاسلام سواء لافرق بينهم بالجنس واللون او النوع ويستطيع أي مواطن ان يتقلد جميع الوظائف العامة[28] ومع ان الاسلام منع غير المسلمين من تولي وظائف كالقيادة السياسية للدولة وقيادة الجيش فان الامر يتعلق بالغايات الاساسية من وجود هذه الوظائف واحترازا للمحافظة على الامن والنظام السياسي في المجتمع كما ان منع المراة من تولي رئاسة الدولة وتوجيه دفة الحكم ياتي من نظرة الاسلام على عدم كفايتها واهليتها لتولي هذا المنصب وليسس نقصا او عيبا فيها كما ورد في الحديث الشريف (ما افلح قوم ولوا امرهم امراة) . ومن اجل توفير ذلك طرح الاسلام مبدا المساواة ولعل في وصية الامام علي بن ابي طالب لواليه مالك الاشتر ما يوضح هذه الحقيقة اذ يقول (الناس صنفان اما اخ لك في الدين او نظير لك في الخلق)[29] وزيادة في ذلك كفل الاسلام هذه الحقوق من خلال تحميل الحاكم والدولة مسؤولية توفير الامن والاستقرار لممارسة حقوق الانسان الطبيعية ، ومن هنا برز مفهوم الهجرة الى دار الامان لتحقيق هذا

---

(27) محمد فاروق النبهان ، مصدر سبق ذكره ، ص234 .

(28) محمد فاروق النبهان ، مصدر سبق ذكره ، ص213 .

(29) محمد عبدة ، شرح نهج البلاغة ، مطبعة النهضة ، بغداد 1986 ، ص 73 .

المستوى من الاستقرار النفسي والاجتماعي للفرد ، اما في ما يتعلق بالحقوق الاقتصادية فيمكن الاشارة الى بعض منها بالاتي :-

1- حق العمل : كفل الاسلام للعمال حياة حرة كريمة مستقرة ، من خلال ما اوجبه على الدولة من توفير فرص العمل لكل قادر على العمل فحارب التعطيل في كل صورة وحارب الفقر بكل وسيلة ، فلم يسمح للفرد بالتعطل بدعوى انه كتب عليه ان يعيش فقيرا بل حبب في العمل ودعا اليه حتى يستطيع الانسان ان يكسب من عمله ولا عذر لاحد في ترك العمل لان الفقر مرض اجتماعي يجب تجنبه واتخاذ كافة الوسائل للحد منه وقد امرنا الـلـه تعالى الى السعي والعمل[30] . كما في قوله تعالى :- (هُوَ الَّذِي جَعَلَ لَكُمُ الْأَرْضَ ذَلُولاً فَامْشُوا فِي مَنَاكِبِهَا وَكُلُوا مِنْ رِزْقِهِ وَإِلَيْهِ النُّشُورُ) (الملك:15) ووضع الاسلام مجموعة من المبادئ التي تحكم العمل والعامل منها [31] :-

أ. العمل نعمة وكل عامل مسؤول عن عمله ويحسب عليه الاخلاص فيه .
ب. رب العمل مسؤول عن عماله .
ج. الاجر بقدر العمل وحق للعامل وليس منة من صاحب العمل .
د. الدولة تحمي حق العامل في الاجر .
هـ. لكل عامل ان يأخذ اجراً على ما عمل .
و. العمل على قدر الطاقة .

الجدير بالذكر ان الاسلام لم يجز التفاضل بين الناس بسبب العمل كما لايجوز لمسلم ان يحتقر اخاه المسلم بسبب عمله لقول النبي (صلى الـلـه عليه واله وسلم) (ما اكل ابن ادم طعاما خير من عمل يده وان نبي الـلـه داوود كان ياكل من عمل يده) . كما ان الاسلام لم يجز لاحد التدخل في شؤون الاخرين له مطلق الحرية في اختيار العمل المناسب له لان الناس متفاوتون في كفاءاتهم . وما

---

(30) توفيق علي وهبة ، مصدر سابق ، ص83 .
(31) توفيق علي وهبة ، مصدر سابق ، ص 85 .

يصلح لفرد قد لايصلح لآخر واجاز للفرد ان يختار لنفسه العمل الذي يعود نفعه اليه[32]. ومع هذا اجاز الاسلام للدولة ان تقيد حق الافراد في اختيار العمل بما يعود بالفائدة على الاخرين ودفعا للضرر الذي قد يقع على الفرد او على المجتمع من جراء اختيار هذا العامل [33].

2– حق التملك :-

اقر الاسلام الملكية الفردية واعطى الفرد الحق في التملك تلبية لغرائز الانسان الطبيعية وحث الافراد على استثمار الاموال الموجودة في حوزتهم لئلا تكون شائعة فتضيع المسؤولية وتهدر الاموال واطلق الاسلام حرية الفرد في ان يتملك ما يشاء من العقارالمنقول من الاشياء ذات القيمة في حدود نظرية الاسلام في ملكيته المال على ان ينتفع منها في غير سرف ولا تقتير وعلى ما يوجبه الاسلام للغير من المال من حقوق[34] .

ان ما نخلص اليه ان الاسلام تعامل مع الفرد بانه مصدر اساسي ضمن التصور النظري ورتب عليه حقوقا اجتماعية تتمثل في حق التعليم والانتفاع من عقله في رسم منهج حياته المستقبلية بما يتلاءم مع التصور الاسلامي ، كما انه اعطاه الحق في التملك واختيار العمل كونه الضمانة الاكيدة لاستمرارية وجوه في الحياة .

---

(32) محمود الخالدي ، بوسيولوجيا الاقتصاد الاسلامي ، مكتبة الرسالة الحديثة ، عمان 1985 ، ص51 .

(33) د.0 محسن عبد الحميد ، الاسلام والتنمية الاجتماعية ، دار الانباء ، بغداد ، ط1 ، 1989 ، ص49-50 .

(34) ابراهيم محمد اسماعيل ، الاسلام والمذاهب الاقتصادية المعاصرة ، دار الناصرة للطباعة ، القاهرة ، 1961 ، ص65 ، وكذلك انظر محمد البهي ، الاسلام في حل المشاكل المجتمعات الاسلامية المعاصرة ، مكتبة وهبة ، القاهرة ، 1981 ص134-135 .

الفصل الثالث

المرأة في ظل العهديين الدوليين

يعد ميثاق الامم المتحدة الذي تم توقيعه في 26 حزيران عام 1945 في سان فرانسيسكو وفي ختام مؤتمر الامم المتحدة الخاص بنظام الهيئة الدولية والذي اصبح نافذا في تشرين الاول عام 1945 اول صك دولي يذكر تساوي المراة بالرجل في الحقوق بعبارات محددة وواضحة [1] . ان الاعلان العالمي الذي اقرته الجمعية العامة للامم المتحدة في 10 كانون الاول 1948 ليضع مبدأ تساوي المراة والرجل موضع التفصيل وذلك في مادته الاولى يولد جميع النساء احرارا متساوين في الكرامة والحقوق وينص في مادته الثانية لكل انسان حق التمتع بكافة الحقوق والحريات الواردة في هذا الاعلان دون تمييز كتمييز بسبب اللون او العنصر او الجنس او اللغة او الدين او الرأي السياسي او أي رأي اخر او الاصل الوطني او الاجتماعي او الثروة [2] .

اولا : حقوق المراة السياسية والاجتماعية والمدنية :

عندما تبنت الجمعية العامة للامم المتحدة في 16 كانون الاول 1966 العهدين الدوليين للحقوق الاقتصادية والاجتماعية والثقافية للحقوق المدنية السياسية نجد ان هذين العهدين قد نصا على مبدأ المساواة بين الرجل والمرأة وعلى منع التمييز ضد المراة ، ثم توالت المواثيق والصكوك الدولية في أيراد هذه المبادئ وتكريسها[3] ، ان ذكر هذه الامثلة عن الاعلانات الدولية والمواثيق

[1] رياض هادي عزيز ، رئيس جمعية حقوق الانسان في العراق ، كلية العلوم السياسية ، بغداد ، 1994 ص51

[2] الامم المتحدة ، حقوق الانسان مجموعة صكوك دولية ، نيويورك 1988 ص2 -3 .

[3] الوثيقة الدولية لحقوق الانسان ، نيويورك 1988 ص13 ص14 .

نصل الى حقيقة مفادها هي ان البشرية طالما جاهدت في سبيل المساواة والحرية قد تمكنت من قطع شوطا هائلا وكبيرا خلال اكبر من نصف قرن مالم تستطيع تحقيقه خلال الآلاف السنين في سبيل الاعتراف بالمساواة بين المراة والرجل ، ان القراءة الغربية لحقوق الانسان ـ حتى بعد صدور الاعلان العالمي والمواثيق

الدولية الاخرى ـ استمرت في نظرتها الفردية للحقوق وتقديمها على أي حقوق اخرى تتعلق بالمجتمع او بحق الشعوب كما قدمت الحقوق السياسية والمدنية التي اصبحت محور دعوتها على الحقوق الاقتصادية والاجتماعية التي أهملتها لفترة طويلة [1] ، فالعهد الدولي للحقوق السياسية والمدنية والعهد الخاص بالحقوق الاقتصادية والاجتماعية والثقافية ينصان صراحة على حق الشعوب في تقرير مصيرها ، لقد جاء النص ضد مصالح الدول الاستعمارية الغربية التي كان بعضها لا يزال يحتفظ بمستعمراته وعموما فان هذا الحق في الممارسة لم يجد أي اهتمام من الدول الغربية ومثال ذلك موقف الولايات المتحدة الأمريكية من حق الشعب الفلسطيني في تقرير مصيرهم وموقف الغرب المؤيد من الحكم العنصري في جنوب افريقيا ولم يتغير الموقف الاوربي الا في الثمانينيات[2] . ان استخدام الغرب حقوق الانسان لتحقيق مكاسب سياسية . مثال ذلك الضغط على الاتحاد السوفيتي السابق وقت الحرب الباردة للسماح بتهجير اليهود الى اسرائيل . لقد اعتبرت الولايات المتحدة مقاومة الاحتلال ارهابا لتطلق يدها وتستخدم كافة الوسائل والسبل من اجل القضاء عليها لحماية مصالحها المختلفة ، لقد استخدمت الولايات المتحدة الفيتو لصلح اسرائيل اكثر من (150) في سابقة خطيرة وفريدة في تاريخ الامم المتحدة [3] . العهد الدولي الخاص بالحقوق الاقتصادية والاجتماعية والثقافية : (يولد جميع الناس احرارا متساوين في الكرامة والحقوق

---

[1] حقوق الانسان العربي ، مجموعة باحثين ، المستقبل العربي (17) مركز دراسات الوحدة العربية ،بيروت ـ لبنان ، ط1 ، تشرين الثاني /نوفمبر 1999، ص199 .

[2] المصدر السابق ، ص200 .

[3] المصدر السابق ، ص201 .

وقد وهبوا عقلا وضميرا وعليهم ان يعامل بعضهم بعضا بروح الاخاء[1]) ان هذا العهد الذي اعد للتوقيع والتصديق عام 1966 وبدأ نفاذه في 3كانون الثاني /يناير 1976.تعهد في مواده بان (تتعهد الدول الاطراف في هذا العهد بضمان مساواة الذكور والاناث في حق التمتع بجميع الحقوق الاقتصادية والاجتماعية والثقافية المنصوص عليها في هذا العهد)[2]

قد أوجس العهدان ان تقر الدول الأطراف عددا من الالتزامات في مجالات تقرير المصير ،التعاون الدولي ،ممارسة الحقوق المنصوص عليها ،دون تمييز بسبب العرق او اللون اوالجنس اواللغة او الدين او الرأي او الاصل القومي او الاجتماعي اوالثروة او لسبب غير ذلك والالتزام بالحق في العمل وتكوين النقابات وتوفير الضمان الاجتماعي وتوفير مستوى معيشي كاف لكل شخص ولااسرته وتوزيع الموارد الغذائية العالمية توزيعا عادلا بالاضافة الى جوانب تتعلق بالتعليم والمشركة في الحياة الثقافية والتمتع بفوائد التقدم العلمي وتطبيقاته .وتضمن العهد من المواد تنظم حسن تطبيق بنوده واسس العلاقة بالمجلس الاقتصادي والاجتماعي التابع للامم المتحدة والذي تتبعه لجنة حقوق الانسان [3] وقد ركزت احد مواد العهد على قضية الاسرة في النص التالي (وجوب منح الاسرة التي تشكل الوحدة الجماعية الطبيعية الاساسية في المجتمع ،اكبر قدر من الحماية والمساعدة وخصوصا لتكوين هذه الاسرة وطوال نهوضها بمسؤولية تعهد تربية الاولاد الذين تعيلهم ويجب ان ينعقد الزواج برضا الطرفين المزمع زواجهما رضا لا إكراه فيه)[4] أو العهد الدولي الخاص بالحقوق المدنية والسياسية :اعتمد هذا العهد من قبل الجمعية العامة للامم المتحدة وعرضته للتصديق في 16 كانون الاول /ديسمبر 1966 وبدأ نفاذه في 22 اذار /مارس 1976 فهو يتضمن

---

[1] العهد الدولي الخاص بالحقوق الاقتصادية والاجتماعيةوالثقافية ، المادة (10) الفقرة (1) .

[2] العهد الدولي الخاص بالحقوق الاقتصادية والاجتماعية والثقافية ،الديباجة والمواد 1-31.

[3] العهد الدولي الخاص بالحقوق الاقتصادية والاجتماعية والثقافية ، المادة (10) الفقرة (1) .

[4] العهد الدولي الخاص بالحقوق الاقتصادية والاجتماعية والثقافية المادة (10) .

جوانب ترتبط بتساوي الرجل والمرأة معها النص على ان : ((تتعهد كل دولة طرف في هذا العهد باحترام الحقوق المعترف بها فيه وبكفالة هذه الحقوق لجميع الافراد الموجودين في اقليمهما والداخلين في ولايتها دون أي تمييز بسبب العرق اللون او الجنس او اللغة او الدين او الرأي السياسي او غير السياسي او الاصل القومي او الاجتماعي او الثروة او النسب او غير ذلك من الاسباب))[1] .

ومن جانب اخر نص العهد على ((تتعهد الدول الاطراف في هذا العهد بكفالة تساوي الرجال والنساء في حق التمتع بجميع الحقوق المدنية والسياسية المنصوص عليها في هذا العهد))[2] ، وهنا لابد من التأكيد على ان العهد قد الغى العمل بعقوبة الاعدام للحوامل [3] ، واعتبر ان الاسرة هي الوحدة الجماعية الطبيعية والاساسية للمجتمع ولها حق التمتع بحماية المجتمع والدولة [4] وأن يكون (الرجل والمرأة ابتداء من بلوغ سن الزواج حق معترف به في التزوج وتأسيس أسرة) وأن لاينعقد أي زواج الا برضا الطرفين المزمع زواجهما رضاء كاملا لا اكراه فيه [5].وأن تتخذ الدول الاطراف في هذا العهد التدابير المناسبة لكفالة حقوق الزوجين وواجباتهما لدى التزوج وخلال قيام الزواج ولدى انحلاله[6] .

قد تضمن العهد الدولي الخاص بالحقوق المدنية ايضاحا عن التأكيد على حق الشعوب في تقرير مصيرها بنفسها والتعرف الحر لثرواتها الطبيعية وكذلك تعهدت الدول بالالتزام بكفالة الحقوق لجميع الافراد مع منع اخضاع احد للتعذيب او المعاملة او العقوبة القاسية اللانسانية الحاطة بالكرامة ومنع

(1) العهد الدولي الخاص بالحقوق المدنية والسياسية ، المادة (2) الفقرة (1) .
(2) العهد الدولي الخاص بالحقوق المدنية والسياسية ، المادة (6) الفقرة (5) .
(3) العهد الدولي الخاص بالحقوق المدنية والسياسية ، المادة (23) الفقرة (1) .
(4) العهد الدولي الخاص بالحقوق المدنية والسياسية، المادة (23) الفقرة (2).
(5) العهد الدولي الخاص بالحقوق المدنية والسياسية ، المادة (23) الفقرة (3) .
(6) العهد الدولي الخاص بالحقوق المدنية والسياسية ، المادة (23) البفقرة (4).

الاسترقاق او الاخضاع للعبودية مع توفير حق الفرد في الحرية والامان على شخصه مع تحقيق المساواة وحق كانسان في حرية الفكر والوجدان والدين وحرية التعبير وحضر الكراهية القومية او العنصرية او الدينية او الدعاية للحرب كما احتوى العهد على إجراءات فنية لتنفيذ العهد .

ولا ننسى هنا من التأكيد على التعهد على ((الاعلان حقوق الطفل)) الصادر عن الجمعية العامة للامم المتحدة في 20 تشرين الثاني / نوفمبر 1959 دعوة الاباء والامهات والرجال والنساء كلاً بمفرده والمنظمات الطوعية والسلطات المحلية والحكومات الى الاعتراف بهذه الحقوق والسعي لضمان مراعاتها لتدابير تشريعية وفقا للمبادىء التي انطوى عليها الاعلان [1] ، التي تخص المراة وان هذه المبادى التي انتهت في طرح موضوع (القضاء على التمييز) الى اتفاقية القضاء على جميع اشكال التمييز ضد المراة والتي اعتمدتها وعارضتها الجمعية العامة للتوقيع في 8 كانون الاول / ديسمبر 1979 وبدأ النفاذ في 3 ايلول/ سيبتمبر 1981 لقد انطوت على منطلقات جديدة منها ان الدول الاطراف في هذه الاتفاقية تدرك ان تحقيق المساواة الكاملة بين الرجل والمراة يتطلب احداث تغيير في الدور التقليدي للرجل وكذلك في دور المراة في الاسرة والمجتمع [2] ، وان الدول الاطراف في الاتفاقية تضع نصب عينها دور المراة العظيم في وفاء الاسرة وفي تنمية المجتمع الذي لم بعترف لحد الان على نحو وللاهمية الاجتماعية للامومة ولدور الوالدين كليهما في الاسرة وفي تنشئة الاطفال واذ تدرك ان دور المراة في الانجاب لايجوز ان يكون اساسا للتمييز بل ان تنشأت الاطفال تتطلب بدلا من ذلك تقاسم المسؤولية بين الرجل والمراة والمجتمع ككل [3] قد وصف الاعلان التمييز ضد المراة انه يمثل اجحافا اساسيا ويكون اهانة للكرامة

[1] اعلان حقوق الطفل ، المبدأ السادس .

[2] الاتفاقية بشأن الحقوق السياسية للمرأة ، المقدمة .

[3] الاتفاقية بشأن الحقوق السياسية للمرأة ، المادة (1) .

الانسانية[1] ولابد من التعرف على مصطلح (التمييز) انه استثناء او تفضيل يتم على اساس العنصر او للون او الجنس او الراي السياسي او الاصل الوطني او المنشأ الاجتماعي ،ويسفر عن ابطال او انتقاص المساواة في الفرص او في المعاملة على صعيد الاستخدام والمهنة [2] .

ولابد من التأكيد على الانجازات التي تحققت وتهدف الى النهوض بالمراة وعلى سبيل المثال نذكر منها :

- اعلان القضاء على التمييز ضد المراة1967.
- اعتماد الجمعية العامة اتفاقية القضاء على جميع اشكال التمييز ضد المراة عام1979 .
- بدا عمل اللجنة المعنية بالقضاء على التمييز ضد المراة عام 1982.
- الاحتفال بالسنة الدولية للمراة عام 1975.
- انعقاد المؤتمر العالمي للسنة الدولية للمراة (مكسيكيو عام 1975) واعتماد المؤتمر اعلان مكسيكيو بشأن مساواة ومساهمتها في التنمية والسلم .
- انشاء صندوق الامم المتحدة الانمائي للمراة عام 1974 .
- انشاء المعهد الدولي للبحث والتدريب من اجل النهوض بالمراة عام 1976.
- الاحتفال بعهد الامم المتحدة للمراة المساواة ، التنمية ، السلم .1976-1985.
- انعقاد المؤتمر العالمي لعقد الامم المتحدة للمراة (كوبنهاكن) 1980 واعتماد عمل الصنف الثاني منعقد الامم المتحدة للمراة .
- انعقاد المؤتمر العالمي لاستعراض وتقييم منجزات عقد الامم المتحدة للمراة (نيروبي) 1985 واعتماد المؤتمر ستراتيجيات نيروبي التطلعية للنهوض

---

[1] اعلان التمييز ضد المراة ،مواد متفرقة .

[2] اتفاقية المساواة في الاجور ،المادة (1) .

بالمراة [1] ان التأكيد الذي جاء في (الاتفاقية بشأن الحقوق السياسية للمراة) التي عرفتها الجمعية العامة للتوقيع والتصديق في 20كانون الاول/ديسمبر 1952وبد نفاذها في 7 تموز /يوليو 1954 على مبدئي تساوي الرجال والنساء في الحقوق الواردة في ميثاق الامم المتحدة واشارت الى ان الاطراف المتعاقدة ترغب في جعل الرجال والنساء يتساوون في التمتع بالحقوق السياسية في ممارستها طبقا لاحكام ميثاق الامم المتحدة ولاعلان العالمي لحقوق الانسان[2] وكذلك ان الامور المهمة ، التي اكدتها الاتفاقية هي الحق في التصويت في جميع الانتخابات بشروط التساوي بينهن ، وبين الرجال دون تمييز[3] والحق في تقلد المناصب [4] وكذلك تضمن الاعلان حماية النساء والاطفال في حالة الطوارى والنزاعات المسلحة الذي اصدر من قبل الجمعية العامة في 14/ كانون الاول /ديسمبر 1974وحظرالاعتداء على المدنين وقصفهم بالقنابل وخاصة النساء والاطفال[5] وادانة استعمال الاسلحة الكيمياوية والبكتريولوجية والعمليات العسكرية لما تنزله من خسائر جسيمة بالسكان المدنين بما فيهم النساء والاطفال العزل [6]اما ما جاءت به اتفاقية (نيروبي) التطلعية للنهوض بالمراة الى فترة عام (2000) المساواة بين المراة والرجل في

---

(1) الامم التحدة . اعمال لامم المتحدة في ميدان حقوق الانسان ،المجلد لاول ،نيويورك 1990. ص ص 274ـ275.

(2) الاعلان بشأن حماية النساء والاطفال في حالة الطوارى ،والمنازعات المسلحة ،المادة (2) .

(3) الاعلان بشأن حماية النساء والاطفال في حالة الطوارى ،والنزاعات المسلحة ، الماد (3) (4) .

(4) استراتيجية نيروبي التطلعية للنهوض بالمرأة لعام 2000 .

(5) اعلان منح الاستقلال للبلدان والشعوب المستعمرة ، المقدمة .

(6) الدكتور رامز عمار ، دور الاعلام والتعليم في حماية حقوق الانسان من بحوث ندوة حقوق الانسان العربي ، بيروت - معهد الانماء العربي 1991/6/1 ص399 .

مختلف المجالات مع تدابير لتنفيذ الاستراتيجية فضلا عن تناولها مسائل المشاركة للمراة في التنمية والسلام[3] وتضمن اعلان(فينا) الصادر عن المؤتمر العالمي لحقوق الانسان في 25 / حزيران 1993 ما يؤكد حقوق الانسان وتمتع المراة تمتعا كاملا بالمساواة وبجميع حقوق الانسان وان يكون ذلك اولوية من اولويات الحكومات والامم المتحدة والزم الاتفاقية على ادماج المراة في عملية التنمية بصفتها فاعلة ويستفاد منها في هذا المجال واكدوا القضاء على التمييز والعنف ضد المراة في الحياة العامة والخاصة والقضاء على الاتجار بالمراة .

ثانيا: معوقات توفير الحقوق الانسانية

الحديث عن حقوق الانسان كثيرا وفي هذا الموضوع تجد ان الاعلانات والاتفاقيات التي اكدت على هذه الحقوق للانسان من حرية وعدالة ومساواة بين المراة الرجل[1] . وهذا يعني ان هناك تيارا عالميا واسعا في الاتجاهات ولكن هناك معوقات ماتزال تحول دون توفير هذه الحريات خاصة في بلدان العالم الثالث الذي نحن جزءا منه في البلاد العربية والعراق بشكل خاص ويمكن تحديد بعض هذه المعوقات في الجوانب الأتية :

1 ـ معوقات سياسية :

تتعرض حقوق الانسان اجمالا وحقوق المراة بالذات الى الانتهاك الفظ في كثير من البلدان ولايتحقق من اعلانات واتفاقيات للحقوق الا قدرا قليل ويعد العامل السياسي في مقدمة المعوقات التي تحول دون تمتع الانسان بحقوقه وحرياته على اساس :ـ

---

[1] حقوق الانسان والمرأة .. سبل مواجهة التحديات ، ندوة بغداد الدولية 20ـ22 نيسان 1994 ، العراق ص401

- ان طبيعة انظمة الحكم الدكتاتورية والمطلقة تحجب الحريات الاساسية عن المواطن ، وتستأثر بالسلطة وتحول دون المشاركة الشعبية . وتعد السلطات وراء شقاء الملايين من البشر وحرمانهم حقوقهم .

- ان هناك (ازمة سلطة) في كثير بلدان العالم النامية ، وعلى الرغم من ان هناك حركة انقلابات وثورات في اغلب هذه البلدان الا ان ذلك لم يحسم مشكلة السلطة . ويشير احد الباحثين في هذا المجال بالقول (ان من يتطلع الى بيانات زعماء بعض الثورات والانقلابات في العالم خاصة بلدان العالم الثالث يرى انها مفعمة بالرغبة في محاربة الرشوة والفساد وحماية حقوق الانسان واقامة المؤسسات الديمقراطية ولكن سرعان مايتحول بعض هؤلاء الزعماء الى ابطال استبداد وظلم وقهر ومن اشد المتنكرين للديمقراطية والحرية)[1] ان بعض الدول في العالم الثالث كثير ماتلجأ الى قوانين الطوارى مما يشكل تهديدا مباشر بحقوق الانسان عموما بما فيها حقوق المراة .

- هناك حساسية من لدن بعض الحكومات ازاء منظمات حقوق الانسان ،فمنظمة العفو الدولية لم تستطع تسجيل فروع لها الا في مناطق محددة من العالم .والمنظمة العربية لحقوق الانسان التي ولدت في كانون الاول 1983 شكلت خارج الوطن العربي في (قبرص) على الرغم من ان نشاطها يقتصر على بعض الاليات المتواضعة كإصدار التقارير السنوية والنشرات الدورية حول حقوق الانسان في الوطن العربي واعتمادها على الاتصال الشخصي بالحكومات العربية لتسوية بعض القضايا الفردية وهذه الحساسية تحول دون بث الوعي بمسألة حقوق الانسان.

---

[2] الدكتور رامز عمار ، دور الاعلام والتعليم في حماية حقوق الانسان من بحوث ندوة حقوق الانسان العربي ، بيروت - معهد الانماء العربي 1991/6/1 ص400 .

- تعمل كثير من البلدان النامية على تزيين دساتيرها وكثير من تشريعاتها بما يشيد بحقوق الانسان في محاولة لتحسين صورتها للآخرين كي تكون متناغمة مع التيار الدولي وهو تناغم ظاهري فحسب
- ان الاستعمار بصوره المختلفة كان ومايزال وراء الكثير من الانتهاكات لحقوق الانسان في مناطق مختلفة من العالم وكان اعلان منح الاستقلال للبلدان والشعوب المستعمرة الذي اقرته الجمعية العامة في 14كانون الاول /ديسمبر 1960 [1] قد اكد ان شعوب العالم تحددها رغبة قوية في انهاء الاستعمار بجميع مظاهره، وان استمرار قيام الاستعمار يعيق نماء التعاون الاقتصادي الدولي ويحول دون الانماء الاجتماعي والثقافي والاقتصادي للشعوب التابعة ويناقض مثل السلام وان اخضاع الشعوب لاستعباد الاجنبي وسيطرته واستغلاله يشكل انكارا لحقوق الانسان الاساسية .

2 ـ معوقات اجتماعية :

وفي الجانب الاجتماعي يمكن استخلاص العوامل الأتية فيما يشكل معوقات امام حقوق الانسان ،بما في ذلك المراة [2]:ـ

- ان حركة حقوق الانسان لم تشكل بعد تيارا واسعا على المستوى الشعبي في كثير من بلدان العالم الثالث حيث ان الذين ينادون بها لايزالون ضمن النخبة في الغالب مما جعل حتى الان غير قادر على احتضان هذه الحركة .ومع ان هناك فكرا متقدما يعمل من اجل المطالبة بالحقوق والحريات الاساسية الان مسألة حقوق الانسان

---

[1] اعلان منح الاستقلال للبلدان ،والشعوب المستعمرة ـالمقدمة مصدر سابق .

[2] الدكتور رامز عمار ، دور الاعلام والتعليم في حماية حقوق الانسان من بحوث ندوة حقوق الانسان العربي ، بيروت - معهد الانماء العربي 1991/6/1 ص400 .

وفق الصيغ التي تطرحها المنظمات الدولية لم تحتل الصدارة في الوعي بعد .

- الكثير من المجتمعات في البلدان تسود فيها العلاقات العشائرية والقبلية والعائلية والطائفية وهذه العوامل لاتشكل مناخا مناسب لتناول حقوق الانسان بشكل موضوعي .
- على الرغم من ان قضية حقوق الانسان مسألة اجتماعية وسياسية وسلوكية وقانونية ان الاجهزة التعليمية والاعلام لم تعن بها الافي حدود ضئيلة .
- لقد ثبت علميا ان الفوارق بين البشر تعود الى عوامل ثقافية الافكار والفروق القائمة على اساس بيولوجي لاتزال قائمة ومايزال البعض ينقلها لتبرير مواقف او تسويغ انماط سلوك بما فيها التحكم والاستئثار بالسلطة .

3 ـ معوقات اقتصادية :

وفي هذا المجال يمكن ايجاد المحددات لأتية :

- يعتبر قيام المؤسسات الصناعية والمشروعات الاقتصادية الرأسمالية الاخرى وامتلاك الصحف ووسائل الاعلام الاخرى من مجموعات قليلة من اصحاب رؤوس الاموال في بلدان العالم الثالث من العوامل التي تشكل قيودا على حقوق الانسان وحرياته بما يقود الى حرمان الضعفاء اقتصاديا من قدركبيرمن حقوقهم وحرياتهم ويتضح هذا الامر في بلدان العالم الثالث بشكل بارز اذا فان الدعوة تتكرر أي انه السبيل الى تمتع الافراد بحقوقهم وحرياتهم الشخصيبة والفكرية والسياسية مالم تقيد الحريات الاقتصادية التقليدية ويحاولون استخدامها وسيلة للسيطرة والتحكم .

- ان الوضع الدولي القائم حاليا جعل للبلدان الرأسمالية نفوذا وقوة تمتد بإثرها ضد الحقوق والحريات في بلدان العالم النامية وكان المؤتمر الدولي لحقوق الانسان الذي عقد في الفترة الممتدة من22نيسان/ابريل ـ13ايار/مايو1968 لاستعراض التقدم الذي تم تحقيقه خلال الاعوام العشرين التي اعقبت اعتماد الاعلان العالمي لحقوق الانسان ولصياغة برنامج للمستقبل قد اشار الى ان (اتساع الثغرة بين البلدان المتقدمة و البلدان السائرة على طريق النمو في الميدان الاقتصادي يمنع اعمال حقوق الانسان في المجتمع . ج ـ ان لتوفير الحريات الاساسية يشكل قوة بيد الجماهير لذا فان اصحاب النفوذ الاقتصادي يقفون في وجه التيار الذي يحمل منطلقات التحرر والمساواة .

4 ـ معوقات ايديولوجية :

هذه تتحدد في الامور الاتيه:

- ان الايديولوجيات اليوم تميز فكر العصر ، وهي في صراع وتنافس والى جانب ذلك فان وسائل واساليب الصراع والتنافس قد تزايدت كما ونوعا وخاصة من خلال الاستعانة بوسائل وأساليب الدعاية التي بلغ بها الامر التحول الى حروب نفسية وعمليات غسيل العقول ولا تزال كثير من الأيديولوجيات تطرح امورا اخرى يراد بها التحول الى امور اخرى لغرض الانظار عن القبول بالمنطلقات القائمة .

- ان الافكار الأيديولوجية المحدودة في الاطر والافكار النمطية واساليب التعصب والتطرف ، تشكل هي الاخرى معوقات امام القبول بقضايا حقوق الانسان على المستوى الشعبي .

- ان امتهان حقوق الانسان لاتمارسه بعض السلطات وحدها بل ان هناك فئات أيديولوجية تمارس العنف والارهاب وانتهاك الحقوق بل ان طبيعة أيديولوجياتها تقوم على العنف .

5 ـ معوقات إجرائية :

هنالك معوقات تحد من الاخذ بمبادئ حقوق الانسان ، او تحول دون تطبيق تلك المبادىء منها :

- ان الوصول الى صياغة تتناول حقوق الانسان او حقوق المرأة بحيث تكون تلك الصياغة مقبولة من المجتمعات او الحكومات او الدينات او الثقافات او الايديولوجيات المختلفة ليس من الامور الميسورة لذى فان اغلب الاعلانات الدولية تقبل ظاهريا وان الالتزام بالاتفاقيات شكلي ،ضلا عن الفروق على توقيع من الاتفاقيات من دول كثيرة [1].
- لايتيسر للامم المتحدة الوقوف على واقع الاخذ بحقوق الانسان في البلدان المختلفة ذلك لان مجمل الاليات المعمول بها غير مؤهلة لاستجلاء الصورة عن ذلك الواقع فضلا عن الدول التي تحاول الابتعاد عما يمكن ان يكون وكأنه تدخل في شؤونها الداخلية من اطراف اخرى .
- ان طبيعة الاعلانات بشأن حقوق الانسان هي وصايا او مباديء عامة وهي غير ملزمة للاطراف المختلفة
- ان المنظمة الدولية لاتملك امكانات اجرائية لتطبيق الاتفاقيات او الالتزام بتطبيق المبادىء او هي غير جادة في هذه الموضوعات خاصة وان هناك قوى دولية لها نفوذ اكبر من غيرها في المنظمة الدولية .

---

[1] حقوق الانسان سبل مواجهة التحديات ، ندوة بغداد الدولية لحقوق الانسان مصدر سابق ص 404 وص405

أهم القرارات الدولية الصادرة في حقوق الانسان

يرجع الباحثون اول تمجيد للحقوق الانسانية في الوثائق الدستورية والقومية العالمية الى نهاية القرن الثامن عشر ـ حيث كان اول عمل قانوني من هذا النوع اكتسب شهرة عالمية مسوغة هو (وثيقة فرجينيا للحقوق) سنة 1776 .وهي اعلان للحقوق التي قام المستوطنون الامريكيون مطالبة التاج البريطاني بالسلطة [1]. وهو اول دستور مكتوب يؤسس قائمة الحقوق الانسانية الليبرالية بوصفها حقا دستورياوقد انشأ وكذلك مبدأفصل السلطات الثلاثي السبل بوصفه حقا اساسيا[2] وقد كتبه توماس ([3] 1743ـ1826) .ولقد نصت الوثيقة على حقوق الانسان الطبيعية ، مثل حقه في الامن وعلى سيادة اشعب كمصدر للسطات في المجتمع ، وعلى سيادة القانون كمظهر لارادة الامة وقد اكد المساواة بين جميع المواطنين امام القانون والشراع [4]لقد بدأت الثورة الفرنسية (اعلان الحقوق الانسانية) سنة 1789 . وكان (اما نوئيل جوزيف سيبس) (1748ـ1836) قد وضع وثيقة حقوق الانسان تلك التي اقرتها الجمعية التأسيسية واصدرتها كاعلان تاريخي ووثيقة سياسية واجتماعية ثورية في اب/1789 بالاعتمادعلى نظريات (جان جاك روسو) وانشأة دستور 1791 الذي جسد هذا الاعلان [5] ومن ذلك الوقت جرى تدويلها فدخلت في ميثاق عصبة الامم المتحدة سنة (1945) ثم افردت بشكل دولي كوثيقة خاصة هي

---

[1] كريستيان تomوشات، ((حقوق الانسان من منظور قانوني)) في الاسلام وعالمية حقوق الانسان ، ترجمة، محمود منقذ الهاشمي ،حلب (مركز الانماء الحضاري) 1995، ص10 .

[2] مارتن كريله (الحقوق الانسانية في ميثاقي القانون الدولي للامم المتحدة) ،مصدر سابق ص 23 .

[3] محمد عمارة ،الاسلام وحقوق الانسان : ضرورات . . .لا حقوق سلسلة عالم المرفة 89(كويت المجلس الوطني للثقافة والفنون والادب،1985) ص13 .

[4] زكي نجيب محمود ، حياة الفكر في العالم الجديد (بيروت:دار الشروق ،1980) ومحمود زناتي ، حقوق الانسان : مدخل تاريخي القاهرة د .ن 1992 . س

[5] كريله ،(الحقوق الانسانية في ميثاق القانون الدولي للامم المتحدة) مصدر سابق ،ص 23 .

الاعلان((الاعلان العالمي لميثاق حقوق الانسان)) الذي افرزته الامم المتحدة في 10 كانون الاول عام 1948 .

القرارات والمواثيق الصادرة عن الامم المتحدة وحقوق الانسان

لقد حفل القرن الماضي بتنامي الاتفاقيات الدولية لحقوق الانسان ودخولها حيز التنفيذ واحاول التطرق الى هذه الاتفاقيات .[1]

1- دخول العهد الدولي للحقوق الاقتصادية والاجتماعية والثقافية حيز التنفيذ في 1/3 1976 .

2- دخول العهد الدولي للحقوق المدنية والسياسية حيز التنفيذ في 3/27/ 1976

3- نفاذ الاعلان الخاص بالمادة 41 من العهد الدولي للحقوق المدنية والسياسية المتعلق بصلاحية اللجنة المعنية بحقوق الانسان لدراسة الرسائل الموجهة من دول ضد طرف في العهد وذلك بتاريخ 3/28 1979.

4- دخول البروتكول الاختباري للعهد الدولي المدنية والسياسية في 23 /3 1976.

5 - صدور البروتوكول الاختباري الثاني للعهد الدولي للحقوق المدنية والسياسية حول الغاء عقوبة الاعدام بقرار الجمعية العامة في 1989/12/15.ودخول حيز التنفيذ في 1991/7/11 .

6- دخول الاتفاقية الدولية للقضاء على جميع اشكال التمييزالعنصري في 1969/1/4

7- دخول نفاذ الاعلان الخاص بالمادة 14 من الاتفاقية الدولية للقضاء على التمييز العنصري الخاص بصلاحية لجنة ازالة التمييز العنصري بدراسة الرسائل الواردة من الافراد وذلك في تاريخ 1982/12/3 .

8- صدور الاتفاقية الدولية لمنع ومعاقبة جريمة الفصل العنصري في 11/30 1973.

---

[1] باسيل يوسف : قراءة تحليلية لاعلان فينا الصادر عن المؤتمر العالمي لحقوق الانسان وابعاده المستقبلية ،عضو اللجنة الاستشارية لحقوق الانسان في العراق،بغداد 1994 ص70 ص71 .

9- صدور الاتفاقيةالدولية لمناهضة الفصل العنصري في 1985/12/10 والدخول في حيز التنفيذ في 1988/4/3 .

10 - صدور اتفاقية مناهضة التعذيب بتاريخ 12/10 / 1984 ودخوله حيز التنفيذ في 6/26 /1987 .

11- صدور الاتفاقية الدولية لحماية العمال المهاجرين لعائلاتهم في 12/18 / 1990 ولم تدخل في التنفيذ حتى انعقاد مؤتمر فينا .

12- صدور اتفاقية القضاء على التمييز ضد المراة في 12/15 /1989 ودخولها حيز التنفيذ في 9/3 / 1981 .

13- صدور اتفاقية حقوق الطفل في 11/20 /1989 والدخول حيز التنفيذ في 9/2 /1990 .

اهم الإعلانات الدولية لحقوق الانسان

هذه الفترة ازدهرت بمجموعة كبيرة من الاعلانات الدولية لحقوق الانسان اسهمت في تنمية قواعد القانون الدولي لحقوق الانسان[1] واهم هذه الاعلانات:-

01 علان حول التقدم والانماء في الميدان الاجتماعي الصادر عن الجمعية العامة في 12/11 1969 .

02 الاعلان الخاص بحقوق المتخلفين عقلياالصادر في تاريخ20/ 12 / 1971 .

03 الاعلان الخاص باستئصال الجوع وسوء التغذية في 11/16 /1974 .

04 اعلان حماية النساء والاطفال في حالة الطوارى والنزاعات المسلحة الصادر في 1974/12/14 .

05 اعلان استخدام التقدم العلمي والتكنولوجي لصالح السلم وخير البشرية الصادر في 1975/11/10 .

---

(1) باسيل يوسف :مصدر سابق ،ص 73 .

06 الاعلان الخاص بحقوق المعوقين في 1975/9/17 .

07 الاعلان بشأن المبادئ الأساسية الخاصة بإسهام وسائل الأعلام في دعم السلام والامن الدولي وتعزيز حقوق الانسان ،ومكافحة العنصرية والفصل العنصري والتحريض على الحرب الصادر عن اليونسكو في 1978/11/28 .

08 اعلان القضاء على جميع أشكال التعصيب والتميز القائمين على أساس الدين والمعتقد الصادر عن جميع العامة 15 / 11 / 1981 .

09 إعلان بشأن حق الشعوب في السلم الصادر في 12/ 11/ 1984 .

10 إعلان بشان المبادئ الأساسية لتوقير العدالة لضحايا الجريمة وإساءة استعمال السلطة في 29/ 11 / 1985 .

11 الإعلان المتعلق بالمبادئ الاجتماعية والقانونية المتصلة بحماية الأطفال ورعايتهم مع الاهتمام الخاص بالحضانة والتبني على الصعيدين الدولي والوطني في 3/ 12 /1986 .

12 إعلان الحق في التنمية الصادر في 12/4 1986 .

13 مجموعة مبادئ لحماية الأشخاص الخاضعين لآي شكل من السجن والاعتقال الصادر في 12/9 /1988 .

14 إعلان حماية جميع الأشخاص من الاختفاءالقسري الصادرفي18/2 /1992.

15 اعلان بيروت لحقوق المراة . 2004 .

ثالثا ـ الحقوق الاقتصادية أو الاجتماعية والثقافية للمرأة في المجتمع العراقي :

تناولت اغلب المواثيق المواثيق الدولية لحقوق الانسان الحقوق الحق في العيش بمستوى كاف وخاصة الحق في الغذاء ونشير بهذا الصدد الى المادة

(11) في العهد الدولي للحقوق الاقتصادية والاجتماعية والثقافية ،والاعلان العالمي الخاص باستئصال الجوع وسوء التغذية المتعمد بقرار الجمعية العامة للأمم المتحدة في 17/ 1974/12 .

يكتسب الحق في الغذاء طابعا إذ انه فضلا عن كونه التزاما على الدول اتجاه شعوبها فانه التزام دولي اتجاه شعوب العالم . وتشير دراسة حول استيراد العراق للمواد الغذائية وفي إطار تجارته قبل الحرب في الفترة (1989 ـ 1990) إلى نسبة إحصائية تعطي نتائجها الى انخفاض نسبة ما يستورده العراق بعد الحرب حيث كانت نسبة ما يستورده العراق في عام 1989 أعلى مما يستورده عام 1988 بينما هذه النسبة تنخفض الى حد كبير بعد الحرب والعدوان على العراق وفي حقيقة الامر فأن ذلك يعود الى ان الولايات المتحدة قد فرضت حصارا اقتصاديا على العراق منذ 1990/2/28 أي بستة اشهر قبل أحداث 2 أب 1990 أثر قرار الكونغرس الأمريكي بإيقاف توريد الحبوب إلى العراق والعراق من الدول المصدرة للنفط ويعتمد في تغطيته استيرادته التي كانت تؤدي دورا رئيسا في تأمين متطلبات الحياة لمواطنيه فقد استهدف الحصار منع العراق من تصدير النفط لحرمانه من الموارد فضلا عن تجميد أرصدته النقدية وعدم تقديم القروض الائتمانية للمؤسسات العراقية كافة .

اثر الأوضاع الراهنة(الحرب - الحصار) على الحقوق الإنسانية للمرأة والمجتمع

كان للحصار الاقتصادي اثار خطيرة على ممارسة السكان المدنيين في العراق لحقهم بمستوى معيشي كامل والتمتع بالصحة البدنية والعقلية باعتبارهامن حقوق الانسان الاساسية التي تضمنتها المواثيق . حيث اكدت تلك المواثيق وفي مقدمتها ميثاق الامم المتحدة اهمية تعزيز حقوق الانسان والحريات الاساسية للناس جميعا وفي كل الميادين الاقتصادية والاجتماعية والثقافية والتعليمية والصحية اذ نصت الفقرة(1) من المادة (55) من الميثاق على ضرورة تحقيق مستوى اعلى للمعيشة وتوفير اسباب الاستخدام المتصل لكل فرد والنهوض بعوامل التطور والتقدم الاقتصادي والاجتماعي الاان ماتعرضت له المراة العراقية بسبب ظروف الحصار اعباءجديدة جسيمة ونفسية بسبب صعوبة الحصول على متطلبات العائلة وشحة المواد التي يحتاجها افراد الاسرة فضلا عن غلاء ثمنها .ان مثل هذه الاحوال تتسبب من دون شك في حالة من القلق النفسي تتحول في احيان كثيرة وحسب اراء الاختصاصين في علم النفس والاجتماع الى مرض نفسي يصب علاجه ومن ابرز مظاهره التشاؤم وفقدان الثقة بالحياة وانعدام الامل والانعزال والانطواء والهيجان المستمر والعصبية الزائدة .ويمكن تاشير ابرز نتائج الاوضاع التي مرت على الانسان العراقي والمراة العراقية على وجه التحديد على الوجه وكالاتي :

01 تعرض الحق العام والخاص الاجتماعي والاقتصادي والثقافي و السياسي للمراة العراقية الى كوابح عرقلت مسيرتها واعترضت تقدمها .وان ماحصل لها كان بفعل ارادات سياسية خارجية واداة دولية ضاغطة [1]

02 تدهور صحة المراة والطفل والاسرة العراقية بفعل تدهور خدمات القطاع الصحي بشكل عام واثاره الواضحة من موت الاطفال والنساء والمسنين

---

[1] ندوة بغداد الدولية حول حقوق الانسان والمراة . . . سبل مواجهة التحديات ،مصدر سابق ،ص 288 .

03 بروز تحديات جديدة للمراة لعل من ابرز ملامحها انشغال المراة العراقية وفي المقام الاول هو تأمين لقمة العيش ومستلزمات الحياة فيها ولافراد اسرتها ادى وبدون شك الى تراجع نشاطها المجتمعي خارج اطار البيت وتراجع ادوارها الى مواقع ثانوية بعد ان كانت نشيطة وفعالة في ادوارها المجتمعية خارج نطاق البيت وعلى كافة الاصعدة الاقتصادية الاجتماعية والثقافية والسياسية .

04 زيادة حالات التلوث البيئي بفعل الاسلحة المستخدمة ضد الافراد والمجتمع , والشحة الكبيرة في قطع الغيار ووسائل النظافة وأدواتها أدت إلى نتائج بالغة السوءعلى صحة الام والطفل.

05 تعرض المراة والطفل انسانيا لألام مبرحة بسبب عدم توفر الكثير من الادوية والنقص الكامل في المستلزمات الطبية وخاصة مايتعلق منها بحالات التدخل الجراحي .

06 اختلال دور المراة العراقية كصمام امان للاسرة وذلك من خلال تعرض العلاقات الاسرية الى التصدع والتشنج يؤدي بالتاكيد الى انحرفات اعضاء الأسرة من أطفال وإحداث ويافعين وخروجهم عن جادة الصواب كما تؤدي الخلافات الاسرية الى تفكك الرباط الاسري الحامي للسلوك الاجتماعي لاعضاء الاسرة .

07 تحول القلق الى مرض نفسي مع مرور الوقت متمثلة مظاهره بالتشاؤم وقلة الثقة بالحياة وانعدام الامل بالمستقبل والانطواء على الذات تجعل المراة العراقية اكثر عرضة واستعداد لتقبل الشائعات وتداولها والمبالغة فيها مما يؤدي بالضرر البالغ بالحصانة المطلوبة للعائلة العراقية وسيادة حالة من القلق الجماعي لاعضاء الاسرة .

08 التأثيرات النفسية السلبيةعلى الأم بسبب فقدان اعضاء من الاسرة (الاطفال) الذين يموتون اسرع من الاخرين جراء الحصار .ومن خلال ذلك يتبن لنان هناك حالة استلاب كامل لحق الانسان العراقي في الحياة

وهو عزل للمجتمع العراقي عن التواصل الحضاري والانساني مع المحيط والمجتمع الدولي .

09 بسبب فقدان مصادر التمويل والتقلص الحاد في الاستيرادات وفي تزايد انخفاض الانتاج المحلي فقد انخفض المعروض السلعي بشكل كبيرمما ادى الى ارتفاع كبير في الاسعار غير مألوف وتصاعد التضخم بوتائر عالية الذي انعكس على الشعب والاسرة في المجتمع [1] . لقد اظهرت نتائج عامي 2000/1999 ان ثلثي سكان العراق يستهلكون حصتهم الغذائيةخلال عشرين يوما.[2] ان الحديث عن الحصار وماخلفه من نتائج واثار لايمكن نسيانها والتي تركت الاثر الكبير في نفسية الشعب العراقي لفترة طويلة .

فالحصار الذي تسبب في المعاناة كان على كافة المستوياة الاجتماعية والاقتصادية والسياسية والتكنولوجية ... والتأثير كان على المجتمع بشكل عام والمراة والطفل بشكل خاص . وعلى الرغم من القرارات الدولية المتعلقة بالمراة والطفل فان معاناة المراة والطفل كبيرة وهذا يتعارض مع الاتفاقيةالدولية لحقوق الانسان .والحديث عما احدثه من اضرارفي نفسية الشعب العراقي على مدى عقدين أي من (1980 ـ 2003) [3] . فالحصار الذي فرض على العراق في تلك الفترة والقرارات الجائرة التي كانت الحكومة تنفذها ضد الشعب ،هي كانت اشد قسوة من الحصارالخارجي كمنع المواطنين من السفرالا بشروط باستثناء الدوبلوماسيين والموالين للنظام وهذا يكون تحت ذرائع الخطر واعلان حالة الطوارى .ان القرارات التي كانت تفرضها الدولة على الافراد التي تحد من حرية الافراد في التعبير عن الراي حيث نجد ان المواطنين ليس لهم

---

[1] وزارة التخطيط ،الجهاز المركزي للاحصاء ،مديرية احصاءات السكان والقوى العاملة ،العاملون في اجهزة الدولة القطاعين الاشتراكي والمختلط ،نظام المعلومات الوظيفي 30/6/ 1993 بغداد .

[2] انتهاكات العدوان والحصار لحقوق الانسان في العراق ،اعمل المؤتمر الدولي في بيت الحكمة ، 8ـ9 ايار (مايو) 2001 مجموعة باحثين بغداد . العراق ص 75 .

[3] حقوق الانسان والمراة . . . سبل مواجهة التحديات ، مصدر سابق ،ص 289 .

أي دور في مناقشة أي موضوع يمس قضايا المجتمع ،فضلا عن منع الافراد من اقتناء مايرغبون الحصول عليه من الاجهزة كوسائل ومستلزمات الاتصالات كالهواتف المحمولة واجهزة الستلايت .

ان منع الافراد من العيش بحرية وكرامة، حيث تستخدم الاساليب المختلفة في الضغط على الحرية والذي ترك بصماته على نفسية الافراد بما فيهم المراة .وقد استخدمت الاساليب المختلفة في ارهاب المواطنين والعنف والاعتقالات لعشوائية والاعدام بدون محاكمة في بعض الاحيان او محكمة صورية سريعة [1]

فضلا عن استخدام وسائل التعذيب ووسائل القهر المذلة للافراد وهذا يتعارض مع ماجاءت به المقرارات والمواثيق الدولية التي تتناول حرية الفرد من خلال توفير المساواة والعدل والرفاهية [2] ان انتهاكات حقوق الانسان في الاعوام الماضية متنوعة فالاعتقالات العشوائية واختفاء وزيف العفو الذي تصدره الحكومة ،ففي الفترة شهر تشرين اول/ 2002 بلغ مجموع ضحايا الانتهاك (478) شخصا بين قتيل ومعتقل ، واختفاء (400) عالم وطالب دين خلال ذلك الشهر .

لقد اكدت منظمات وشخصيات مهتمة بالشأن الانساني في العراق زيف العفو الذي اصدرته السلطة والذي ادعت فيه اطلاق سراح جميع السجناء واوردت في هذا السياق منظمة العفو الدولية ان حوالي (17)ألف مختف في العراق ولم يعلن عن مصيرهم شيء حتى بعد صدور العفو .

ان مصادرة الاموال وفرض الضرائب واستخدام القوة لايستثنى من ذلك فقد استخدمت القوة العسكرية في مناطق البيضة وعشائر في محافظة ميسان وكذلك نشر السلطة قواتها العسكرية في معظم محافظات العراق وما ينجم عن

---

[1] مصدر :انترنيت،تقرير ،المركز الوثائقي لحقوق الانسان في العراق خلال النصف الاول من عام 2002 ، . file // A\ 14 page 1 of 2 4/9/2004

[2] الامم المتحدة ، المؤتمر العالمي الرابع لحقوق الانسان ،بكين ، ايلول/ سبتمبر 1995 ص 118 .

ذلك من حالات التسمم نتيجة لتدمير اسلحة الدمار حيث تصاعد الدخان الملوث نتيجة للحرائق التي كانت تقوم بها الدولة بحجة التمويه ومثال ذلك في الحرب الأخيرة حيث تحولت سماء بغداد الى ليل اسود [3] . من الانتهاكات الأخرى الإعدام بإجراءات موجزة لتشمل المسنين والعسكريين وكذلك بتر الأعضاء كقطع السنة أب وولديه قبل ان يتحقق حكم الإعدام فيهم [1] .

وتتواصل معاناة أبناء الشعب العراقي من الإرهاب الذي تمارسه السلطة الحاكمة منذ عشرات السنين وقد تمكن المركز الوثائقي خلال الأشهر الماضية من رصد العديد من الممارسات الإرهابية ويمكن ان نقدم اهم هذه الممارسات :

1ـ اعتقالات عشوائية واختفاء للافراد : ان الحديث عن الاعتقالات العشوائية طويل جدا فقد اكدت منظمة العفو الدولية في تقريرها الأخير ان السلطات ألقت القبض على عشرات الاشخاص للاشتباه في قيامهم في أنشطة مناهضة للحكومة او لمجرد الاشتباه بهم وعزل الكثير منهم عن العالم الخارجي بدون تهمة او محاكمة وهذا يكون في اغلب محافظات العراق المختلفة .

2 ـ إعدام بإجراءات منفردة : استمرت أجهزة السلطة بإنزال أقسى العقوبات بحق المواطنين دون اتباع السياقات والمجريات القانونية وكانت المحصلة تنفيذ عمليات إعدام بإجراءات موجزة ضد العديد من المواطنين على مدى الأشهر الستة الماضية وذكرت منظمة العفو الدولية في تقريرها لعام 2002 ان عشرات الأشخاص تم أعدامهم وكان من ضمنهم ضباط في الجيش العراقي لقيامهم بمحاولات للإطاحة بالحكم او بعلاقتهم

3 ـ وفاة - انتحار تحت التعذيب : ان من ضمن الاجراءات القمعية التي تقوم بها اجهزة السلطة تعذيب المعتقلين داخل سجونها بطرق وحشية ومهينة وقد ثبتت العديد من المنظمات الدولية هذه الممارسات التعسفية ونتيجة لتلك الاساليب الهمجية فضل عدد من المعتقلين انهاء حياتهم انتحارا داخل الزنازين

---

[3] المركز الوثائقي لحقوق الانسان في العراق , انترنيت 2002/4/25 . page 1 of 3 file // A\ 14

[1] المركز الوثائقي لحقوق الانسان في العراق , انترنيت 2002/4/25 . page 2 of 2 file // A\ 30

تخلصا من تعسف السلطة الحاكمة وكما رصدها المركز الوثائقي لحقوق الانسان[2]

4ـ المقرات القمعية والسجون : لقد واصلت اجهزة النظام الحاكم في بغداد انشاء مقرات قمعية وتكوين ميلشات ومجموعات تسهم من خلالها في ممارسة اساليب الضغط والأضطهاد ضد المواطنين العراقين , حيث كشف ممثلو المنظمة الفرنسية لااطفال العالم وهي منظمة غير حكومية عن وجود سجن مخصص للاطفال قرب بغداد واكد هؤلاء ان معدل ثلاثة اطفال يموتون شهريا في ظروف جميعها غير طبيعية في ذلك السجن وقد قامت المنظمة بالتدخل المباشر لدى السلطات التابعة للنظام من اجل ان يحصل الاطفال السجناء على معاملة وظروف افضل

5ـ بتر الاعضاء : من الامور السيئة والمهينة للانسانية التي لجأت اليها السلطة قيامها بتنفيذ اجراءات قطع او بتر اعضاء من جسد الضحايا وقد حدثت معظم هذة العقوبات المهينة او الحاطة في الكرامة الانسانية امام حشود من المواطنين لتستهدف بث الرعب في قلوبهم فضلا عما تخلفه هذه الاعمال من اثار صحية ونفسية جسيمة في الضحية حتى ان البعض منها يؤدي الوفاة او الانتحار ان هذا العمل يتعارض مع كل مقرارات الدول المعنية بالحقوق للانسان والعدل والمساواة ومنع التميز ضد المراة . والمجتمع بغض النظر عن الانتماء والدين او اللغة او الراي السياسي . ان موضوع بتر الاعضاء ترك مشكلة كبيرة ظل يعاني منها الافراد الذين تعرضوا لها حيث يتعذر على الافراد الذين قطعت اذانهم بسب الهروب من الخدمة العسكرية معالجة اثار القطع وزرع اذان جديدة وكانت السلطة قد ابتدعت مثل هذة العقوبة لكل من يهرب من الخدمة العسكرية في فترة ما بين (1995 ـ1998) .

---

[2] المركز الوثائقي لحقوق الانسان في العراق ،انترنت 3 file // c\ windows \ desk top20% folder 0 _ 11 27/07/1425 _ page 1 of

حقوق الإنسان للمجتمع العراقي في ظل الاحتلال الامريكي

01 انواع الانتهاكات:

إن الأوضاع المتردية للشعب العراقي ازدادت سوءا اكثرمما كانت عليه ايام النظام السابق ، ويظهر ذلك بصورة جلية من خلال الاحداث الدموية التي يتعرض لها ابناء الشعب العراقي في مختلف مناطق العراق على يد القوات المتعددة الجنسيات واكثرها وحشية القوات الامريكية والبريطانية التي لاتميز بين مرتكبي الارهاب عن المواطنين الابرياء وان السجون والمعتقلات خير شاهد على ذلك حيث تحوي الالاف من المعتقلين بعضهم لم يرتكب أي عمل اجرامي ولكنه يقضي فترة السجن منذ سنتين ،ويتعرضون الى اقسى انواع التعذيب داخل هذه السجون وهناعليناان نتساءل اين منظمات حقوق الانسان والمنظمات الدولية ؟ فهل العراق مستثنى من الحقوق الانسانية ،وان ماحدث في العراق وبالاخص في سجن ابي غريب كان اكثر وحشية وانتهاك لحقوق الانسان .لقد تعرض ابناء الشعب العراقي الى عمليات ابادة وتصفية لكبار الضباط في الجيش العراقي وكذلك العلماء واساتذة الكليات على ايدي جماعات ارهابية داخلي وخارجية ،بالاضافة الى النهب والسلب في وضح النهار تحت مايسمى انعدام الامن [1]

02 الأسرى والمعتقلين :

لقد بلغ عدد الأسرى العراقيين في سجون الاحتلال الأمريكي و البريطاني حسب أخر(2008) إحصائية للجنة حقوق الإنسان في العراق(22817) مواطنا من بينهم (544) امرأة و(917) طفلا وتحت سن 17 عاما ، ويتعرض هؤلاء الأسرى لمعاملة قاسية ووحشية تشتمل على التعذيب وطرقه المختلفة والتي أدت في كثير من الأحيان إلى فقدان عدد كبير من المعتقلين للقدرة على العمل والحركة الطبيعية نتيجة هذا التعذيب .وهذا ما يتعارض مع ما جاء في

1 _ File // c\ windows \ desktop \ 27/7/1425 ماذا يحصل في بغداد p : 1 of 4 .

نصوص اتفاقية جنيف المتعلقة بحماية الأشخاص المدنين وقت الحرب لعام 1949 وبروتكولولاتها الإضافية لعام 1977 ، على حماية النساء بصفة خاصة من الاعتداء على شرفهن وعلى الأخص في أيام الحرب .

03 الاختطاف والاغتصاب : شهد العراق منذ دخول قوات الاحتلال بغداد اكثر من 6 الالاف حالة اختطاف تحول بعضها الى اعتقال لدى قوات الاحتلال فيما تعرض عدد كبير من المخطوفين الى القتل وتعرضت عدد من النساء الى الاغتصاب من قوات الاحتلال الأمريكية والبريطانية والبولندية والإيطالية والأسبانية وان فضائح سجن ابو غريب خير شاهد على ذلك الذي اثار الكثير من الانهيار النفسي والاضطرابات التي جعلت الافراد يعيشون في حالة الفوضى وقلق مما سوف يحدث في المستقبل وكذلك كانت هنالك حالات اغتصاب في ظروف انعدام الأمن والتي تقوم بها جماعات متخفية وتعرض عددا من الاطفال الى الانتهاك على يد الفوات الأمريكية والبريطانية .

4 ـ السرقات : قام الجنود الامريكان والبريطانيون وبقية قوات الاحتلال بسرقة الكثير من المنازل ومزارع مواطنين عراقيين فضلا عن اكثر من 17 الاف قطعة ذهب [1] حيث شهد غالبية من تعرضوا لعمليات المداهمة من قوات الغزو وخاصة الامريكية منها الى ان الجنود والضباط الامريكان بعد سقوط الدينار نتيجة الغزو .

اما السرقات الكبرى ـ فقد تعرضت مؤسسات عراقية حكومية لسرقات منظمة شملت ودائع وسندات واجهزة وغيرها من الممتلكات الثمينة والمهمة وطبقا لتقرير لجنة ممتلكات العراق التي كلفتها اللجنة بتقصي حقائق ممتلكات العراق المنهوبة ،فان مجمل ماتم سرقته يبلغ اكثر من 22 مليار دولار امريكي فيما وضعت القوات الامريكية والبريطانية وبقية قوات الغزو يدها على اكثر من

---

[1] _ File // c\ windows \ desktop \   27/7/1425   ماذا يحصل في بغداد   p : 1of 4 .

(35) مليار من الموجودات . اما لآثار العراقية المسروقة فتشير احصائيات بان قوات الغزو وضعت يدها على اكثر من (1350) قطعة اثرية وهي عملية سرقة تمت على يد كبار ضباط الجيش الامريكي والبريطاني والاسباني وهنا علينا ان نتساءل ان المقصود هو النظام السابق ام حضارة العراق وشعبه ؟ واين القرارات الدولية بشأن حقوق الانسان والبيئة واين منظمة الصحة العالمية ؟ فلا تزال تسرق ممتلكات العراق وتنهب خيراته امام انظار الشعب الذي ينتظر الانقاذ والمساعدة .

5ـ الشهداء والقتلى :ان الاحصائية التي قدمتها لجنة شهداء العراق فان اكثرمن(31) الف عراقي استشهدوا منذ بدا العدوان .بينماتعرض اكثر من (4) الالاف الى عمليات قتل لاسباب مختلفة .

6ـ المداهمات: ان المداهمات الليلية والنهارية التي يقوم بها الجنود الامريكان والبريطانيون في مختلف انحاء العراق تخلق الذعر والاضطرابات في نفسية الافراد داخل المجتمع العراقي الذي لايعرف مثل هذا السلوك قبل الاحتلال. ان قوات الاحتلال لا تميز بين الافراد الذين يقومون بالاعمال الارهابية او العسكرية والذين لايقومون بها ،لذا نجد ان اغلب القواعد الامريكية مليئة بالمتهمين من ابناء الشعب العراقي بمجرد الاشتباه .

الفصل الرابع

أشكال التمييز ضد المراة

- التمييز ضد المرأة في المجالات الاقتصادية
- التمييز ضد المرأة في الحقوق السياسية والتعليمية

اولا : المرأة في ظل العهدين الدوليين

ثانيا: معوقات توفير الحقوق الإنسانية

ثالثا :أهم القرارات الدولية الصادرة في حقوق الإنسان

المساواة هي حجر الأساس لكل مجتمع ديمقراطي يتوق الى العدل الاجتماعي وحقوق الانسان . وفي جميع المجتمعات وجميع ميادين النشاط تقريبا تتعرض النساء لأوجه من عدم المساواة في القانون وفي الواقع . وهذا الوضع يسببه ويزيد من حدته وجود تمييز في الأسرة وفي المجتمع وفي مكان العمل في حين يمكن ان تختلف الأسباب والنتائج من بلد الى اخر . فان التمييز ضد المرأة واسع الانتشار ويدعم هذا التمييز بقاء الأراء الجامدة التي لاتتغير والعادات والعقائد التقليدية الثقافية والدينية التي تضر بالنساء [1] وقد أدت المحاولات التي تمت في الآونة الأخيرة لإصدار وثائق عن الوضع الحقيقي للمرأة على نطاق العالم إلى إحصاءات مزعجة عن أوجه التفاوت الاقتصادي والاجتماعي بين المرأة والرجل . فالنساء يشكلن اغلبية فقراء العالم فقد زاد عدد النساء اللواتي يعشن في فقر في الارياف بنسبة 50% منذ عام 1975 . وتشكل النساء اغلبية الاميين في العالم وتعمل النساء في قارة اسيا وافريقيا اكثر من 13 ساعة اسبوعيا اكثر مما يعمل الرجال ولايدفع أجر لمعظمهن . وعلى نطاق العالم تكسب النساء من 30- 40% اقل من الرجال بعمل متساو . وتشكل النساء اقل من 5% من عدد رؤساء دول العالم.

ومن شأن عمل النساء المنزلي والأسري غير المدفوع عنه أجر ، اذا أحتسب بأعتباره عمل أنتاجي في الحسابات الوطنية . أنه يزيد تدابير الانتاج العالمي بنسبة [2] تتراوح من 25_30% .

ويعني مفهوم المساواة أكثر بكثير من معاملة جميع الاشخاص بالطريقة نفسها وسيكون اثر معاملة الاشخاص معاملة متساوية في اوضاع غير متساوية أدامة للظلم بدلا من القضاء عليه . ولايمكن أن تنشأ المساواة الحقيقية ألا عن

[1] كتيب حقوق الانسان ، التمييز ضد المرأة الاتفاقية واللجنة ، صحيفة وقائع رقم (22)يصدر عن الامم المتحدة لحقوق الانسان / جنيف 2003 ص 1 .

[2] THE world's women 1970-1990: Trends and Statistics

(منشور للامم المتحدة ، رقم المبيع E.90.xvII.3)

جهود تستهدف معالجة اختلالات التوازن هذه فيما يتعلق بالأوضاع . وأن وجهة النظر الأوسع هذه فيما يتعلق بالمساواة هي التي أصبحت المبدأ الاساسي والهدف النهائي والنضال من أجل الاعتراف بما للمرأة من حقوق الانسان واقراره .

التمييز ضد المرأة في المجالات الاقتصادية

التمييز في مجال العمل والفرص :

اهتم المجتمع الدولي بعمل المرأة وتحقيق تكافؤ الفرص بين الجنسين والحصول على الأجور المتساوية لأن التقدم العلمي والتكنولوجي الواسع الذي تمر به دول العالم ونتيجة للتحولات السريعة التي تشهدها المجتمعات النامية أخذ دور المرأة يظهر ويتنامى على اساس انها تمثل نصف الموارد الانتاجية البشرية وعليه لايمكن ان تتخيل الاستخدام الشامل لهذه الموارد والتنمية بصورها كافة ألا بتشغيل هذه الموارد .

لذا فان عمل المرأة سواء كان اقتصاديا او فكريا يمثل ضرورة من ضرورات الحياة، ورفاهية للمجتمع الإنساني بأسره لقد عملت ألامم المتحدة منذ نشأتها كما جاء في مؤتمر (فينا) عام 1948 على تحقيق المساواة بين الجنسين في هذا المضمار ، حيث ان المبدأ الذي تراه لكل شخص الحق في العمل وله الحق في اختياره بشروط عادلة كما ان له حق الحماية من البطالة[1] .
كما نصت الاتفاقية لأزالة كافة التمييز العنصري (الحق في العمل وفي اختياره بحرية وان تكون شروطه عادلة ومناسبة في الحماية من البطالة وفي ألاجر المتساوي والتعويضات العادلة والمناسبة)[2] . وكذلك جاء في الاتفاقية الدولية بشأن حقوق الانسان بما يتعلق بالحقوق الاقتصادية والاجتماعية والثقافية (تتعهد الدول الاطراف في الاتفاقية الحالية بتأمين الحقوق المتساوية للرجال والنساء في التمتع بجميع الحقوق الاقتصادية)[3]. ونصت الاتفاقية (ان تقر الدول ... بالحق في العمل الذي يتضمن حق كل فرد في

---

[1] المادة (1,23) الاعلان العالمي لحقوق الانسان .
[2] المادة (1,5) الامم المتحدة ، الاتفاقية الدولية لازالة كافة التمييز العنصري ، وهي الان سارية المفعول .
[3] المادة (3) من الاتفاقية .

ان تكون امامه فرصة كسب معيشته عن طريق العمل الذي يقبله او يختاره بحرية)[1] .

أكد المؤتمر العالمي لحقوق الانسان ان مشاركة المرأة مشاركة كاملة ومتساوية في الحياة الاقتصادية على الصعيد الوطني والصعيدين الأقليمي والدولي تشكل اهدافا أولوية للمجتمع الدولي[2] . لقد اسهمت منظمة العمل الدولية بشكل كبير وفاعل في محاولاتها في تحقيق المساواة بين الجنسين وقد أقرت اتفاقيات عدة تنظيم الأطار العالمي لتشغيل النساء ومنها : اتفاقية حماية الأمومة عام 1919 وحماية الأمومة عام 1952 واتفاقية الضمان الأجتماعي عام 1952 واتفاقية تحريم العمل الليلي عام 1919 واتفاقية تحريم العمل تحت سطح الأرض عام 1935 واتفاقية المساواة في الأجور عام 1951 واتفاقية حماية النساء المشتغلات بالزراعة عام 1958 واتفاقية التفرقة العنصرية (الاستخدام والمهنة) عام 1958 واتفاقية سياسة الأستخدام عام 1964 واتفاقية العمال ذوي المسؤوليات العائلية عام 1981 [3]. وهنالك مجموعة من المعايير التي نصت بالفعل على المساواة في الوصول الى العمل والقضاء على التفرقة المهنية وتشمل هذه المعايير اتفاقيات العمل المذكورة أعلاه واستنادا إلى عدد من الإجراءات التي حددت في مؤتمرات واجتماعات القمة التي عقدتها الأمم المتحدة في كل من (القاهرة وريودي جانيرو وفينا وكوبنهاكن) خلال التسعينات ، وتضمن منهاج العمل دعوة الحكومات والمنظمات غير الحكومية والمصارف المركزية والمنظمات التجارية والقطاع الخاص والمنظمات الإنمائية الدولية والإقليمية إلى اتخاذ إجراءات علمية تهدف الى تحقيق الأهداف الأستراتيجية وهي تعزيز

---

[1] المادة (1،6) .

[2] الامم المتحدة ، الجمعية العامة، المؤتمر العالمي الرابع المعني بالمراة ، بكين 4-5 ايلول 1995 ص14 .

[3] الدكتور ناصر ثابت ، المراة والتنمية والتغيرات الاجتماعية المرافقة ، منشورات ذات السلاسل عام 1983 ص81 .

حقوق المرأة الاقتصادية واستقلالها الاقتصادي بما فيها حصولها على فرص العمالة وظروف الاستخدام الملائمة والقضاء على التفرقة الوظيفية [1] .

قامت الدول بأتخاذ أجراءات فعلية لزيادة حصة المرأة في العمالة فاتخذت بعض الدول خطوات تتمثل بجعل قوانينها وسياساتها تمتثل للاتفاقيات الدولية وقد جرى ذلك بوجه خاص منذ مؤتمر بكين وعلى سبيل المثال قامت اليابان بالتصديق على اتفاقية منظمة العمل الدولية الخاصة بالعمال ذوي المسؤوليات رقم 156 واصبحت سارية المفعول في حزيران 1996 وعدلت قانون كفاءة الفرص وقانون اجازات رعاية الاطفال والاسرة ومنع اصحاب العمل من ممارسة التمييز ضد المرأة في مجالات التوظيف والترقية [2] واعتمدت بعض تشريعات اضافية بهدف انقاذ اتفاقيات العمل الدولية وعلى سبيل المثال قامت الصين بإنشاء آليات لرصد التشريعات وانقاذها لتوفير الحماية في مجال العمل وضمان حقوق المرأة في التوظيف فأنشات الأرغواي رابطة لحماية ربات البيوت والمستهلكين لتدريب النساء للدفاع عن حقوقهن . كما دعا العراق بالمساواة بين الرجل والمرأة والتمتع بحق العمل [3] فقد سن قانون العمل ذي الرقم 71 لسنة 1987 والذي أكد المساواة بين الرجل والمراة في كل ماتطرق له هذا القانون فضلا عن التمييز الايجابي للمرأة وليس ضدها [4] وقامت بلدان عديدة بأعتماد

---

(1) الامم المتحدة المجلس الاقتصادي والاجتماعي ، المرأة عام 2000 المساواة بين الجنسين والتنمية والسلام في القرن الحادي والعشرين الدورة الثالثة 3-7 اذار 2000 البند الثاني من جدول الاعمال ص110 .

(2) U.N . Convention on the Elimination of Discriminatin Ajanist Wamen Comsideration of reports submitted by staties parties under article 18 of Convention japan 28 august 1998 p 35 .

(3) ايمان العزاوي الوضع القانوني للمرأة في العراق ، ندوة بغداد الدولية حول حقوق الانسان سبل مواجهة التحديات ، مصدر سابق ص254 وكذلك محمود منير الوتري بحوث في كتاب المراة ركيزة المجتمع طبعة الشعب بغداد 1978 ص 147 وما يليها وصباح احمد النجار ، مساهمة المراة في العمل الانتاجي دراسة ميدانية للمراة العاملة في قطاع المختلط / بغداد رسالة ماجستير مقدمة الى جامعة بغداد كلية الاداب علم الاجتماع عام 1985.

(4) عدنان العابد ويوسف الياس ، شرح قانون العمل بغداد الطبعة الثانية 1989 ص 44 .

تشريعات لمنع سوء معاملة المرأة في سوق العمل فقد سنت (بليز) مثلا عام 1996 قانون المضايقة الجنسية لحماية النساء في اماكن العمل.

وأقرت دول عديدة مبدأ المساواة في قانون العمل وتساهم الدولة بأهمية سن تشريعات محددة لوضع أطر ملائمة لتشجيع الانشطة الاقتصادية التي تضطلع بها المرأة ومثال ما قامت به دول عديدة منها ايطاليا واليابان التي سنت قانونا يوفر الاموال لبدء وتطوير الاعمال الحرة للنساء[1] وقد ظهرت العديد من الدول المانحة للمساعدة في اعمال النساء سواء في تنظيمات وجمعيات لتمثل الحركة النسوية في الريف أو المناطق الحضرية كما هو الحال بدول الجزائر والباكستان والهند وبعض الدول الأسيوية [2] لقد اعتمدت بعض الدول سياسات لتحسين العلاقة بين عمل الوالدين والحياة الأسرية ، وفي سنة 1999 وافق البرلمان الايطالي على قانون يحضر تكليف المرأة بالعمل الليلي خلال مدة الحمل حتى بلوغ وليدها عامه الاول . أدى ذلك الى ارتفاع عدد النساء في القوى العاملة وكذلك الحال في العراق[3] على الرغم من الجهود التي يبذلها المجتمع الدولي لمنع التمييز ضد المرأة في مجال العمل, وعلى الرغم من ان حصة العمالة أزدادت وتطورت ألا ان التفاوت بين الجنسين في سوق العمل فيما يتعلق بنوع العمل وظروفه أزداد ايضا مما أثر بدوره بوجه خاص في الظروف المعيشية للمرأة الفقيرة في العالم لاسيما في القطاع الزراعي ويمكن ان نرى ان قدرات متدنية القيمة نظرا لعملها المتزايد في قطاع الخدمات واشتغالها بالأعمال المؤقتة اكثر من الرجال وتفشي الأمية التي تحد من قدراتها على معرفة حقوقها الاقتصادية

---

(1) . Human Rijht watch p.1 of 10 18/2/2004العهد الدولي الخاص بالحقوق المدنية والسياسية

(2) الامم المتحدة ، المجلس الاقتصادي والاجتماعي ، المراة عام 2000 المساواة بين الجنسين ، مصدر سابق ، ص114 ص118 .

(3) نضال حكمت عويد ، الاستقلال الاقتصادي للمراة العاملة واثره علبى مكانتها ومشاركتها في اتخاذ القرار داخل الاسرة ، دراسة ميدانية مقارنة في مدينة بغداد ، رسالة ماجستير مقدمة الى جامعة بغداد كلية الاداب قسم الاجتماع ، وفريال بهجت عزيز عمل المراة واثره على دورها في الاسرة ، رسالة ماجستير مقدمة الى جامعة عين الشمس كلية الاجتماع 1981 ص4 ومايليها .

واستمرار العقليات التقليدية المنحازة ضد المرأة في القطاع العام والخاص وتراخي الأنظمة الحكومية الأمر الذي أدى في استمرار تدني مستويات المرأة الوظيفي قياسا الى مستويات الرجل بالمهارة نفسها .

علاقة الفقر بالعمل على اساس ان العمل ثروة الفقراء

لقد اعترف منذ زمن طويل بأن العمل والحقوق المتعلقة بالعمل عنصر هام في النضال من اجل ما للمرأة من حقوق للانسان وهكذا أخضعت منظمة العمل الدولية جزءا كبيرا من معركتها حتى الان على المستوى الدولي وقد استندت المادة (11) الى كثير من الحقوق التي طالبت بها منظمة العمل الدولية للمرأة وتعزيزها فالمادة (11) تنصح على انه يجب ان تتمتع النساء بالحق الاساسي من حقوق الانسان وهو الحق في العمل . ثم تعرض قائمة شاملة لواجبات الدول الاطراف بغية ضمان امكانية اعمال لهذا الحق تماما وبفاعلية حيث أولا: يجب على الدول الاطراف ان تضمن للمرأة نفس ما للرجل من حقوق متعلقة بالعمل وفرص العمل , وثانيا : يجب ان يكون للمرأة الحق في حرية الاختيار في انتقاء مهنة ولاينبغي ان توجه المرأة تلقائيا على عمل المرأة التقليدي ويجب على الدول الاطراف في ادائها هذا الألتزام ان يمنح المرأة مساواة تامة في فرص التعليم والعمل ويتعين عليها ان تعمل من أجل ايجاد انماط اجتماعية وثقافية تمكن جميع افراد المجتمع من قبول وجود النساء في انواع كثيرة من المهن والعمل ومن اجل تحقيق ذلك معرفة الاتي .

1. ربط الفقر بالعمل : يحتشد الفقراء في شرائح من سوق العمل يسهل فيها ايجاد الوظائف ولكنها اعمال غير مستقرة وذات مردود ضئيل ولا تحظى بالحماية .

فالفقر يرتبط بعدم المساواة في الوصول الى الاستخدام في سوق العمل ففي البلدان قلة هم اعضاء القوة العاملة الذين يحظون بعمل مأجور منتظم [1] . لقد أظهرت بيانات مؤشر التنمية البشرية تفاوتا كبيرا بين الرجال والنساء وان نسبة النساء اعلى بين الفقراء . ويتزامن الارتفاع في عدد النساء الفقيرات مع تزايد عدد الأسر الفقيرة التي ترأسها نساء وارتفعت هذه النسبة في البلدان النامية والمتقدمة على حد سواء فهي تصل الى نسبة 5% في البلدان الافريقية والكاريبية والعوامل المسببة في زيادة عدد النساء المعيلات لأسرهن متنوعة منها الهجرة للنازحين التي كانت بأغلبية نسائية لعدم وجود فرص العمل المناسبة أو لندرتها, كما هو الحال في دول امريكا اللاتينية كالبرازيل والمكسيك [2] . ففي هذه البلدان نجد ظاهرة تفشي الأمومة المبكرة بين الإناث العازبات خاصة في دول امريكا والبلدان الأوربية وأفريقيا جنوب الصحراء [3] . ان فقر النساء مرتبط بنماذج استخدامهن فأعداد كبيرة من النساء تحرم من العمل المأجور وكذلك تحشد فئات كبيرة في الوظائف ذات المردود المتدني التي لا تعرف انتظاما ولا استقرارا ولا تسري عليها قوانين العمل والحماية الاجتماعية فالعديد من النساء يعملن في الاقتصاد غير المنظم أو يسود عمل الكفاف وتتسم تدفقات الدخل والضمان الاجتماعي بعدم الانسجام والانتظام نوعا ما مع متطلبات الحياة وواقع العمل وهي السمة التي تبرز في المجتمعات ، وتشير البيانات الى ارتفاع معدلات البطالة عند النساء أعلى ماهي عند الرجال وقد تصل الى ضعف النسبة مما هي عند الرجال ففي كينيا وصلت نسبة النساء 10 ,24 % مقابل 7 ,11 % عند الرجال وتصل في البرازيل الى 31% مقابل 11% عند الرجال . ان اعمال النساء لاتزال محصورة في عدد ضئيل من المجالات والوظائف الانثوية التي يترتب عليها أجر

---

[1] مكتب العمل الدولي ، رزمة تدريسية من ندوة الوحدات حول المرأة والفقر والاستخدام ، جنيف ، 1999 الوحدة التدريبية الثالثة . ص39 .

[2] المصدر السابق نفسه ، ص51 .

[3] ILD: Building on culture to face changing real ities , The jalaga and traraflices story geneva 1994 p51 .

أقل واحترام ادنى وجهد قد يكون كبيرا لايلائم عمرها كما العمل في الزراعة والمبيعات والخدمات المختلفة [1] . وعلى ما بيناه سلفا من جهود دولية للنهوض بالمرأة في مجال العمل متمثلة بمعاهدات واتفاقيات دولية ونصوص تشريعية مختلفة وتدابير متخذة وواقعا ملموسا .

الا ان هناك تمييزا واقعا ضد المرأة وهذا الواقع الذي تعيشيه المرأة في كثير من الدول سواء كانت متقدمة أو متخلفة ، مما يدل هذا على وجود هوة واسعة وفجوة لايمكن اغفالها بين عمل المرأة وعمل الرجل من حيث نوع العمل وظروف العمل ان التتميز بين الجنسين مازال قائما وان كان متفاوتا من مجتمع الى أخر لأختلاف مدى التطور العلمي والثقافي والأيدلوجيات المتبناة فيه. واصبح من اللازم على المجتمع الدولي بمهامه المختصة ان تصل وتزيد من الجهود من اجل الوصول الى تحقيق قدر من المساواة والتكافل مع مراعاة التمييز [2] .

2. الأسلام وعمل المرأة : الأسلام لم يميز بين الرجل والمرأة في حق العمل وفي انتاجه [3] . وعلى قول بعض العلماء الذين اهتموا بموضوع المرأة فنجد ان البعض يرى ان عمل المرأة يوسع افاقها وينمي شخصيتها بما انها تمثل نصف المجتمع فلا تتحقق رفعة المجتمع ألا بأستغلال جميع الايدي العاملة فيه وعمل المرأة يؤدي الى مساعدة من يعيلها أو اعالة نفسها ان لم يكن لها عائل ولله سبحانه وتعالى اعطى المرأة كما اعطى الرجل بقوة ووسائل ادراك متساوية لأستعمالها لا لأهمالها وتركها .

كما ان الرجل والمرأة متساويان في الثواب والعقاب سواء في الدنيا ام في الآخرة [4] . ففي الدنيا هما متساويان امام القانون والقضاء في المكافأة او

[1] Jazairy ctal: The stat of world rural in to its causes and cosequen (cens new your : FAD 1992) .p.17.

[2] مكتب العمل الدولي ، المصدر السابق الوحدة التدريبية الثانية ص36 ، والامم المتحدة ، اذاعة الامم المتحدة . المرأة على مشارف عام 2000 ، المرأة في معركة القضاء على الفقر في 29تشرين الثاني 1999 ص9 .

[3] محمد حسين ، دنيا المرأة ، دار الملاك ، بيروت الطبعة الاولى 1997 ص66-68 .

[4] د. نديم عيسى خلف ، تحرير المراة كتيب ، مكتبة العلوم السياسية ،جامعة بغداد ص26 .

في العقاب وفي الاخرة اما النعيم واما العذاب . فلابد من المساواة في الحقوق المدنية للمرأة مع الرجل في العمل ، ولكن الاسلام يشجعهما على العمل المنسجم مع انوثتها ولها حق طلب العلم وحق الدفاع عن نفسها ولها حق الفكر الذي تتبناه وكذلك فان المرأة كالرجل لها حق الأنتخاب او الأختيار ولها حق اختيار الزوج وحق البيع والشراء والهبة والمضاربة والأرث الى اخره . ان للمرأة في الاسلام حق العمل في كل مواقع العمل المشروع كما للرجل حق العمل في كل مواقع العمل المشروع وهناك شواهد كثيرة في الاسلام على عهد الرسول (ص) اذ اقر الرسول الكريم عمل المرأة ومن المفهوم من دلالة هذا الحديث أو النص جواز امتهان المرأة لأي مهنة أو عمل شريف وملائم لها بغض النظر عن كونه مأجورا أو غير مأجور [1] . ان الاسلام لم يمنع المرأة من القيام بالوظائف والمهن والأعمال التي لاتعرض كرامتها وشرفها الى الضياع والتبذل . فالمرأة أعطاها الإسلام من حق الملكية وفي التصرف والاشتغال بالبيع والشراء واجراء اكثر العمليات التي يقوم بها الرجل [2] ان الإسلام لا يشترط شروطا خاصة في الأمر الذي يتعلق بعمل المرأة ألا في نطاق الشروط العامة التي تحيط بوضع المرأة في المجتمع.

3. المرأة والعمل العسكري : لو تمعنا في مسألة جهاد المرأة علينا ان نبين نوع هذا العمل ونتساءل هل هو من الاعمال الواجبة على المرأة لتتظافر جهود الرجال والنساء في المجالات كافة ومنها العسكرية بحيث يكون الجهاد ملزما على اساس ان هناك مصلحة عليا تفرض تظافر كل الجهود فيما يتعلق باشتراك المرأة بالقتال الفعلي فمنهم يرى انه فرض كفاية ومنهم من يرى انه فرض عين وقسم يرى انه تطوع وفيما يرى البعض انه لايجوز اشتراك المرأة في الجهاد .

[1] جمال محمد فقي رسول الباجوري ، المرأة في الفكر الاسلامي ، الجزء الاول 1986 ص175-177 .
[2] جمال محمد فقي الباجوري ، مصدر سابق الجزء الثاني ، ص137 .

والامر الواضح هو ان الرسول الكريم (ص) لم يمنع أم عمارة على النزول الى ساحة المعركة ومقارعة المشركين بل انه يشد ويفتخر بشجاعتها.

وفي حصار الخندق قامت صفية عمة النبي (ص) بقتل احد اليهود الذي تسلل الى مواقع النساء . وان ماقدمته أم سلمة (رضي اللـه عنها) يوم حنين حيث اتخذت خنجرا كان معها فرأها ابو طلحة (رضي اللـه عنه) فقال يارسول هذه أم سلمة معها خنجر وبعد ان سألها الرسول (ص) ماهذا الخنجر فقالت اتخذته اذ دنى مني احد من المشركين بقرت بطنه فجعل الرسول (ص) يضحك [1] . اذا كان هناك خطر يداهم المجتمع فلا يجوز ان يتخلف احد عن الجهاد رجلا او امرأة ويصبح عندئذ فرض عين عليهم دون فرق بينهم وقال اللـه تعالى (انْفِرُوا خِفَافاً وَثِقَالاً وَجَاهِدُوا بِأَمْوَالِكُمْ وَأَنْفُسِكُمْ فِي سَبِيلِ اللـه ذَلِكُمْ خَيْرٌ لَكُمْ إِنْ كُنْتُمْ تَعْلَمُونَ)[2].

لقد عملت المرأة مع الرجل جنبا الى جنب في كل الاوقات والحقب التاريخية المختلفة سواء في الاسلام وقبله وفي مدن العراق المختلفة شاركت المرأة العراقية مع الرجل في حروبه وحصاره ، ومنذ مطلع القرن العشرين وحتى يومنا هذا . فهي المرأة التي اشتركت في واقعة الطف في كربلاء حيث أدت السيدة زينب (رضي اللـه عنها) دورا بارزا لا ينكره أي مسلم اثناء المعركة وبعدها ، وفي القرن العشرين نجد ان المرأة العراقية عانت الكثير سواء في حرب الثمانينات وما بعدها من امور عدة مثل الحصار والدمار ونقص الغذاء والدواء والموت البطيء لمعظم افراد المجتمع .

---

[1] الغزالي حرب ، استغلال المرأة في الاسلام ، دار المستقبل العربي ، القاهرة ص59 ، وعمر رضا كحالة ، المرأة في عالمي العرب والاسلام ، سلسلة البحوث الاجتماعية 7 ، مؤسسة الرسالة ج2 1979 ص247 .

[2] سورة التوبة ، أية (41) .

التمييز في مجال الآجر:

موضوع الاجور مترابط مع موضوع العمل بل ويعد الأجر ثمار ونتاج العمل ان اهمية هذا الموضوع في تحقيق او عدم تحقيق رفاهية الشعوب دفع المجتمع الدولي الى التصدي لهذا الموضوع بالدراسة والبحث للوصول الى صيغة تنسجم بها كمية ومقدار الأجر مع مقدار وقوع العمل بالكيفية التي تسد رمق الانسان ذكرا كان أو انثى . لقد نص الاعلان العالمي لحقوق الانسان على ان (لكل فرد دون أي تمييز الحق في أجر متساو للعمل)[1] وينص الاعلان في فقرة اخرى (انه لكل فرد يقوم بعمل الحق في أجر عادل مرض يكفي له ولأسرته عيشه لائقة لكرامة الانسان ..)[2] كذلك جاء في الاعلان العالمي انه (لكل شخص الحق .. في عطلة دورية بأجر)[3] وفيما يخص الحقوق الاقتصادية والثقافية لقد نصت الاتفاقية الدولية على (أجور عادلة ومكافأت متساوية القيمة دون تمييز من أي نوع وعلى وجه الخصوص تكفل النساء شروط عمل لاتقل عن ذلك التي يتمتع بها الرجال وتأكيد المساواة في الأجر من الاعمال المتساوية)[4]

فأتفاقية المساواة في الأجور لعام 1951 رقم (100) والتي تتلخص احكامها في العمل على تحقيق المساواة في الاجور بين النساء والرجال عن الاعمال المتساوية القيمة وكذلك المساواة في العلاوات والتعويضات والعمل على تطبيق هذا المطلب عن طريق نص تشريعي او قوانين داخلية او نصوص دولية على اساس ثقافة دولية وجماعية وان تتكفل الحكومات بتطبيق هذا المبدأ على العاملين والعاملات [5] . لقد أكد مؤتمر بكين مجموعة من الإجراءات لابد من اتخاذها في شكل دراسات احصائية تشمل الدوائر الوطنية والاقليمية التابعة

---

(1) المادة (2/23) من الاعلان .

(2) المادة (3/23) من الاعلان .

(3) المادة (24)من الاعلان لمزيد من التفصيل الدكتور سعد محمد باناجه ، دراسة مقارنة حول الاعلان العالمي لحقوق الانسان ، مؤسسة الرسالة 1985 ، الطبعة الاولى ص 66 .

(4) المادة (7/أ) (بند 1) .

(5) مكتب العمل الدولي ، المصدر السابق ، الوحدة التدريبية السادسة ص12-13 .

للحكومات والامم المتحدة وان وضع تصنيف دولي للانشطة من اجل احصاءات استخدام الوقت يراعي الفروق بين عمل المرأة والرجل بأجر او من دون أجر [1] لقد حضيت المرأة بانواع الفرص المهنية والعمل بأجور على نطاق واسع خاصة في قطاعات الاستخدام والصناعات التصديرية ، الا ان نوعية هذه المهن بقيت ذات دخل منخفض ولاتخضع لشروط مناسبة للعمل وأجره واستمراره واستقراره وكما هو معروف فالعمالة التي تميزت بها النساء في شيلي مثلا امتازت بعدم الاستقرار والتدني في الاجر لان هذا العمل لايحتاج الى مهارة مثال العمل في جني المحاصيل الزراعية [2] . ان النساء اكثر من الرجال احيانا في مقاومة العمل والقبول في عمل بأجر منخفض فالمرأة تأخذ أجرا متدنيا ادنى من الرجل في مهن مماثلة وذلك بسبب المعاناة التي تعانيها من اجل اعانة اطفالها او اسرتها لكسب لقمة العيش وهذ ما تلاحظه في مختلف دول العالم المتقدم والمتخلف, والمرأة تعيش في عالم تسيطر عليه العادات والتقاليد والتي تتسبب في محاصرة المرأة في الانجاب والعناية بالصغار وعمل البيت ادى ذلك الى انحسار ولوجهن الى الاستخدام المأجور ، كما ان لضخامة المسؤولية المترتبة على عاتق النساء في الاعمال المنزلية والانجابية ترتد على حركتهن داخل الاعمال المأجور المنتظمة لذلك فهن يمارسن الاعمال التي لاتتطلب مهارات وعليه يتقاضين اجورا متدنية .

اظهرت دراسة لمنظمة العمل الدولية ان 45% من العاملات في المناطق الصناعية الحرة للتصدير في غواتيمالا هن امهات عازبات ومعيلات لاسرهن وبذلك يسقط افتراض ان أجر المرأة العاملة يمثل دخلا ثانويا للاسرة [3]. ان هنالك مؤشرات الى ان التمييز التقليدي ضد حصول النساء على الاعمال

---

[1] الامم المتحدة ، المؤتمر العالمي الرابع المعني بالمرأة ، بكين ، المصدر السابق ص13

[2] C. clert: gender , poverty and social exeelusion in chile. Issuse in dev elopment discussion paper, Geneva; ilo .1998 , p.16 .

[3] مكتب العمل الدولي ، المصدر السابق ، الوحدة التدريبية السادسة ، ص4 .

المأجورة قد استبدل بعض الاحيان بتفضيل واضح للنساء في العمل ولكن هذا التفضيل يستند الى قبول للمهن التي لاتتطلب كفاءات عالية وذات اجور منخفضة [1] . كما ان نشر الوعي الثقافي والاجتماعي في المجتمع يعمل على دعم حالة الاقتصاد للمجتمع والفرد على حد سواء اذا كان رجل أو امرأة ، وان نظرة المجتمع حول العمل لابد لها من ان تكون نظرة واقعية فكثير هي الاعمال والمهن التي تعمل فيها وعلى سبيل المثال هناك اعمال لاتجلب اليها الافراد كالعمل في التنظيف والعمل في بعض الاماكن التي ينظر اليها على انها ادنى مستويات العمل وبعض هذه الاعمال قد يؤثر في مستقبل الفرد كالعمل في تنظيف دورات المياه مثلا .

مفهوم عمل المرأة لايزال محدودا في المجتمع وقاصرا على مساعدة الاب او الزوج اقتصاديا وهذا يؤدي الى ان يضل العمل في حياة المرأة مرهونا بأدارة الرجل وحاجته الى هذا العمل . فاذا اصبح الرجل في غير حاجة الى عمل المرأة او اذا شاء ان لا تعمل لسبب من الاسباب فهو يفرض عليها البطالة او الخدمة داخل البيت فقط . لهذا السبب لايصبح في نظر المرأة او نظرة المجتمع حقا اساسي (العمل احد حقوق الانسان) وهذا يقود الى سهولة الاستغناء عن النساء العاملات[2] عند الضرورة ، او فرض العمل الموسمي عليهن بأجور اقل من الرجال او عدم الاهتمام بالتدريب الكافي وحرمانهن من الاعمال الهامة او الرئيسة بحجة انهن قد يتركن العمل ، او الدعوة الى عودتهن الى البيت او العمل بنصف الاجور. فلابد من تحسين ظروف العمل وتحسين الاسكان والنقل وخدمات رعاية الاطفال وايجاد تدابير لمكافحة التحرش الجنسي . واعادة النظر في مؤسسات وتشريعات سوق العمل بهدف تحقيق المساواة بين الرجل والمرأة في العمل وشروطه واجره .

---

[1] GHOSH JAYATI : trends in female Enployment in developing countries :Emerging issuse in Back ground paper Human development Report 1995 , New York. UNDP , 1995 .p36 .

[2] المرأة والتنمية في الثمانينات ، بحوث ودراسات ، الجمعية الثقافية والاجتماعية النسائية ، اشراف الدكتور يحيى فايز الحداد ، قسم الاجتماع والخدمة الاجتماعية ، الكويت 1982 ص140

التمييز ضد المرأة في الحقوق

السياسية والتعليمية

- **التمييز في مجال الحقوق السياسية وتقلد المناصب العليا في الدولة**

أن اشتراك المرأة في الحياة السياسية على قدم المساواة مع الرجل يلعب دورا كبيرا في عملية النهوض بالمرأة بشكل عام واشتراك المرأة في الانتخاب والترشيح لمناصب صنع القرار الذي لايعد مطلبا من مطالب العدالة ولا الديمقراطية فحسب وانما يمكن عده شرطا ضروريا لمراعاة مصالح المرأة . لقد قام المجتمع الدولي بتعزيز دور المرأة في الحياة السياسية ووصفها عضوا في المجتمع سواء كانت ناخبة او مرشحة لاي مركز يسهم بصورة مباشرة او غير مباشرة في صناعة القرار السياسي . ومن دون اشتراك المرأة اشتراكا نشطا وادخال منظورها فيَ مستويات صنع القرار كافة لايمكن تحقيق الاهداف المتمثلة في المساواة والتنمية والسلام . فقد نص الاعلان العالمي لحقوق الانسان على ان (لكل فرد الحق في الاشتراك بأدراة شؤون العامة لبلاده اما مباشرة او بواسطة ممثلين يختارون اختيارا حرا)[1] . يفهم من هذا النص ان كل فرد في أي مجتمع والمرأة بدورها أحد أفراد المجتمع له حق بان يشارك في الحياة السياسية لبلاده آما بصورة مباشرة بان يكون مرشحا لمنصب معين او بصورة غير مباشرة بان ينتخب انتخابا حرا من يمثله [2] . والإعلان العالمي لحقوق الإنسان يؤكد ان لكل إنسان حق التمتع بكافة الحقوق والحريات الواردة في هذا الإعلان دون أي تمييز في العنصر او اللون والجنس ... دون أي تفرقة بين الرجال والنساء [3] .

---

[1] المادة (1,21) من الاعلان العالمي لحقوق الانسان .

[2] سعيد محمد باناجه ، مصدر سابق ص15 ومايليها .

[3] المادة (2) من الاعلان .

والاتفاقية الدولية لإزالة كافة أشكال التمييز العنصري تؤكد القضاء على التمييز وضمان الحق لكل إنسان للتمتع بالحقوق السياسية وحقوق الاشتراك والتصويت والترشيح في الانتخابات على اساس الانتخاب العام القائم على المساواة والمشاركة في قيادة الدولة وفي المستويات [1] . ولابد من ذكر بعض المقررات الدولية التي لها علاقة بحقوق المرأة في المجتمع:

- ## نظرة المجتمع للمرأة في ضوء المقررات الدولية:

الحديث عن الحقوق للمجتمع والمراة بشكل خاص ظهرت بصورة كتابات متعددة منها كتابات رواد للثورة الفرنسية وكتابات رواد الفكر الاجتماعي فمنهم من (يرى ان النساء غير قادرات على ان يحكمن على الأشياء حكما ذاتيا، فعليهن ان يخضعن لاحكام إبائهن وازواجهن خضوعهن لحكم الكنيسة).

وعند الحديث عن حقوق المرأة نذكر على سبيل المثال ما قاله(كوندرسيه) انه من المستحيل ان تستقر حقوق الإنسان على قاعدة ، مالم يعترف بهذه للمراة،وان كل الاسباب ادت إلى لاعتقا د بان لكل رجل الحق في ان له صوتا مسموعا في حكم بلاده،هي الأسباب آلتي تحملنا على إضفاء هذه الحقوق على النساء[2]. أن اشتراك المرأة في الحياة السياسية على قدم المساواة يؤدي دورا بالغ الأهمية في عملية النهوض بالمرأة بشكل عام باشتراك المرأة في الانتخاب او الترشيح لمناصب صنع القرار فهو لا يعد مطلبا من مطالب العدالة والديمقراطية فحسب بل يمكن عده شرطا مهم وضروريا لمراعاة مصالح المرأة وتطورها في مواكبة التقدم للمجتمع.ان التسريع بتنفيذ الإجراءات المتخذة والمتعلقة في مواقع السلطة وصنع القرار فقد شددت لجنة مركز المرأة في

---

[1] المادة (5/ح) من الاتفاقية وقد وافقت الجمعية العامة للامم المتحدة على هذه الاتفاقية في 21 كانون الاول 1965 واصبحت سارية المفعول منذ الرابع من كانون الثاني 1969 ، الامم المتحدة الاتفاقية الدولية لازالة كافة اشكال التمييز العنصري ، ص5 ومايليه.

[2] اسماعيل مظهر، المراة في عصر الديمقراطية، بحث في تأييد حقوق المراة، مكتبة النهضة المصرية ص12.

دورتها الواحد والاربعين عام1997 على بلوغ هدف المشاركة على المساواة بين الرجل والمرأة في صنع القرار سيحقق التوازن المطلوب لتعزيز الديمقراطية. أما لجنة القضاء على التميز ضد المرآة فقد أكدت في دورتها المنعقدة 1997 وهي الدورة السادسة عشر وكان من نتيجة هذه المقررات الخاصة بالمرأة وعملها ان بدأت دول كثيرة على تطبيق نظام الحصص في هيئات صنع القرار ومن بينها الهيئات الحكومية والبرلمانية الوطنية والأحزاب السياسية. فمثلا حددت فلندا حصة النساء اذ تبلغ 40/ 60 في الهيئات الحكومية واستحدثت الهند حصة التمثيل النسائي التي بلغت 3/ 33% على المستوى المحلي .اما تمثيل النساء في برلمان النمسا وإيطاليا بلغ نسبة تتراوح من20/ 40% في بعض الأحزاب السياسية .لقد استمرت عمليات التحسين في مراكز المرأة في دول مختلفة من العالم مثل الأرجنتين والنرويج وألمانيا وفي عام 1997 رفع رؤساء الحكومات او الجماعات الإنمائية للجنوب الأفريقي توصيات تلزم الدول باشتراك النساء بنسبة 30% على الأقل في هياكل صنع القرار السياسي في حدود 2005. ان التقدم الذي اظهرته بعض الدول في مجال حقوق المراة نجد ان هنالك دولا اخرى قد لاتقوم بأي اصلاح في هذا المجال .

فنجد اولا دول اوربا الشرقية التي الغيت فيها لحد كبير حصص كانت قائمة عند ارساء قواعد الديمقراطية ، فنجد (لاتفيا) قد رفضت تعديلات دستورية تتعلق بتحديد حصة للنساء تبلغ 33% في القوائم الانتخابية [1]. ولغرض الوقوف على مساهمات المرأة واشتراكها ,لابد من توضيح بعض الامور التي تكمن في :

أولا _ المرأة في العملية الانتخابية وفي الأحزاب السياسية:

ان النصوص التي ترى ان مشاركة المرأة في الأحزاب السياسية وفي العملية الانتخابية سواء كانت ناخبة او منتخبة تزيد من إسهام المرأة في عملية النهوض

[1] الامم المتحدة ، المجلس الاقتصادي والاجتماعي ، المرأة عام 2000 المساواة بين الجنسين ، مصدر سابق ص128 .

وصنع القرار . وهذا يدفعنا إلى التعريج على مقررات قمة بكين الخاص بالمراة وحقوقها وما اورده في اشتراك المرأة .فقد الزم منهاج عمل بكين الحكومات (الى اتخاذ تدابير تشمل بحيث يكون ذلك مناسبا تدابير في النظم الانتخابية تشجع الاحزاب السياسية على اشتراك المرأة في المناصب العامة الانتخابية او غير الانتخابية بنفس النسب والمستويات المتاحة للرجل) [1] . وكذلك الزم العمل على مراجعة التأثير المغاير للنظم الانتخابية على التمثيل السياسي للمراة في الهيئات المنتخبة والنظر عند الاقتضاء في تعديل هذه النظم او اصلاحها ، ان المفهوم من هذا النص على الحكومات ان تعمل على تعديل او اصلاح او سن التشريعات التي تمس الحياة السياسية للمراة . والعمل على تمكين المراة من التمتع بحقوقها السياسية بصورة كاملة فكانت استجابة لهذا القرار من عدد من هذه الدول في العمل على احداث تغيرات على النظم الانتخابية فقد عدلت بعض الدول مثل اليمن قانون الانتخابات في عام 1998 من اجل زيادة اسهام المراة في العملية الانتخابية واجرت البانيا تعديلات قانونية لكفالة واستمرار التوازن بين الجنسين في قوائم الانتخابات لاجل مساهمة فعالة للمراة في ظل المقررات الدولية المعنية بالمراة .

وقد ساهمت دول اخرى من امريكا الجنوبية على سبيل المثال الارجنتين وغيرها من الدول ، لقد كان هنالك تقدم وتطور في هذا المجال على الصعيد الدولي وان كان ليس بالقدر الكافي ولكن يأمل المجتمع الدولي ان تتحقق صورة المراة في بقاع اخرى من العالم .

ثانيا _ المرأة في الاحزاب السياسية :

تكمن اهمية هذا الموضوع في نهاية القرن العشرين ومايليه ان تكون هناك تعددية حزبية وسياسية في عدد كبير من دول العالم وفي ضوء الاتفاقيات الدولية من اجل ارساء دعائم الديمقراطية . وان الدور الذي تقوم فيه الاحزاب السياسية

---

[1] الامم المتحدة ، المؤتمر العالمي الرابع المعني بالمرأة الفقرة 190 ، (د)، (ب)ص205 .

مافتىء يزداد اهمية في تحديد السياسات واتخاذ القرارات المهمة والمسؤولة . ويكون من الاهمية ان تقوم المراة بادوار فعالة في الاحزاب السياسية والنشاطات المختلفة وان تنال مناصب قيادية تمهد الطريق الى ان تصل الى السلطة وصنع القرار والمشاركة في البرلمانات وان ارتفاع نسبة مساهمة المراة في زيادة مستمرة فنجد دول عديدة قد ادخلت تعديلات على قوانينها من اجل زيادة تفعيل دور المرأة فزادت دول نسبة اشتراك المراة مثال ذلك ما اعطته (مولدافيا) في زيادة مشاركة المراة في الاحزاب السياسية فوصلت نسبة التمثيل من 43_45% عام 1999 وحذت دول اوربية كثيرة هذا الاتجاه وفي افريقيا نجد الكاميرون اهتمت بمشاركة المراة سياسيا وان منهاج عمل بكين الزم الحكومات بمراقبة التأثير المتغاير للنظم الانتخابية على التمثيل السياسي للمراة والنظر عند الاقتضاء في تعديل هذه النظم واصلاحها [1] ان اجراء العملية الانتخابية ترافقها احيانيا بغض الامور التي قد تكون عقبات امام المراة ، فقد اكدت البحوث التي اجريت في هذا المجال ومنها البحث الذي اجراه مجلس اوربا في اذار عام 1997 ان العملية يرافقها اتجاهان او نمطان فهناك قواعد صريحة تتخذ معيارا لعملية الاختيار والتي تخضع فبها هذه العملية لسلطة الحزب المركزية فتتيح للمراة حظا اوفر لتقليد المناصب السياسية من تلك التي تتيحها الاحزاب التي يغلب عليها الطابع غير الرسمي على عملية الاختيار التي تتبعها [2] . وكما هو معروف ان اغلبية بلدان اوربا الغربية والتي تبلغ فيها مشاركة المراة درجة عالية قد اتبعت نظام التمثيل النسبي فنجد على سبيل المثال اكدت فنلندا ان الفوز الذي حققته المراة في الانتخابات يعزى الى اتباعها الاقتراع النسبي وان ماعطته فنزويلا في تطوير

---

[1] الامم المتحدة ، المجلس الاقتصادي والاجتماعي ، المرأة عام 2000 المساواة بين الجنسين ، مصدر سابق ص129 .

[2] الامم المتحدة ، المؤتمر العالمي الرابع للمراة في بكين ، المصدر السابق ص115 .

قانون الاصلاح قانون الانتخابات كي يتيح المجال للمراة بالتمثيل النسبي في عملية الانتخاب[1] .

ثالثا_ المرأة في مجال صنع القرار ودور ألامم المتحدة :

يمكننا القول بان الامم المتحدة هي المنظمة الدولية العالمية التي تنادي دائما بحقوق الانسان ومراعات المنظور الجنساني في اغلب جوانب الحياة البشرية وتدعوالى تحقيق المساواة بين الرجل والمراة كان لابد من تتبع مدى تطبيق تنفيذ تلك الدعوات داخل منظمة الامم المتحدة بخصوص هذا المطلب وكذلك في المدة التي اعقبت مؤتمر بكين. فقد دعا منهاج العمل للامم المتحدة لتنفيذ السياسات القائمة واعتماد سياسات جديدة لتحقيق المساواة الشاملة بين الجنسين .أي بزيادة نسبة تمثيل المراة لتصل نسبة المساهمة الى 50% في عام 2000 وما يليها، فكانت نسبة النساء العاملات في الامانة العامة للامم المتحدة ولمدة سنة واحدة او اكثر في الفئة الفنية 36/1% في تشرين الثاني عام 1999. كما برزت زيادة في نسبة اشتراك المراة وتولي مناصب عليا وصنع القرار ، وبناء على مقررات منهاج عمل مؤتمر بكين فقد استحدثت وظيفة المستشارة الخاصة بقضايا الجنسين والنهوض بالمراة في الشؤون الاجتماعية والاقتصادية في مكتب الامين العام . وعلى الرغم من تعزيز السياسات واتخاذ مبادرات داخل كل جهاز على حدة لتحقيق مركز المراة فقد كانت خطى التقدم في تحقيق التوازن بين الجنسين داخل الامم المتحدة ككل بطيئة فقد بلغ متوسط الزيادة في تمثيل المراة اقل من 1% على مدى الفترة بين1995_1997 , ومنذ اعلان مؤتمر بكين لحد الان لم يتغير التمثيل الفعلي للمراة في اعلى المستويات الوطنية والدولية لصنع القرارات على الرغم من المساواة من وجهة النظر القانونية بين الرجل والمراة .فالمراة لا تزال اقلية في البرلمانات الوطنية فهي لا تمثل سوى 12/7% في

_____

[1] الامم المتحدة ، المجلس الاقتصادي والاجتماعي ، المرأة عام 2000 المساواة بين الجنسين ، مصدر سابق ص130_132 .

المتوسط عام 1999 في مجلس البرلمان في الدول البرلمانية وعلى الرغم من ان اغلبية الناخبين من النساء في جميع البلدان تقريبا ففي الولايات المتحدة الامريكية تمثل (6%) وفي فرنسا (6%) ولم تحدث ايضا تغيرات اساسية في البيانات المتعلقة بمشركة المراة في الحكومات .وفي الفترة 30/ كانون الاول 1999 لايوجد سوى (10) نساءٍ في مناصب رئيس الدولة او رئيسة الحكومة[1] وبلغت نسبة النساء بين مجالس الوزراء 7/4% عام 1998 وان اغلب الوزيرات يتركزن في القطاعات الاجتماعية مثل الصحة والتعليم وشؤون الاسرة والمراة اماعلى الصعيد الدولي فلم يتحقق الهدف المتمثل ببلوغ نسبة توزيع الوظائف على الجنسين المحدد50/50 بحلول عام 2000.اما بيانات اشتراك المراة في العمل الدبلوماسي فقد ظلت مجزاة وغير مكتملة. واكدت بعض البلدان ضعف تمثيل المراة فيما عدا جامايكا التي تعد استثناء في نسبة تمثل عمل المراة في السلك الدبلوماسي وكانت نسبة تمثيلها 38% . اما على المستوى المحلي ان نسبة تمثيل المراة في الحكومات المحلية في كثير من انحاء العالم تقريبا على المستويات تمثيلا يناسب حجمها الى عدد السكان وكذلك في البلدان التي تمثل تمثيلا كبيرا وكم هو الحال في استراليا والمانيا والوظائف تكون مجرد امتداد لمستوياتها التقليدية وفي المسائل المتعلقة بالشؤون الاجتماعية والتعليم والفنون والرجل مسيطر على مراكز صنع القرار كالمسائل المتعلقة بالسياسة والاقتصاد [2] .

رابعا : التدريب على القيادة :

المرأة في أغلبية البلدان لا تتمتع بخبرة الرجال في مجال القيادة وصنع القرار ، لان تأهيل الفتيات يكون بشكل مختلف عن الصبية في الأسر والمدارس وان الكثير من البلدان ترى ان التعليم والتدريب يعدان آلية مهمة لتحسين مشاركة

(1) ندوة بغداد الدولية ، سبل مواجهة التحديات ، كلمة الوفد الفرنسي(اندريه ميشيل) مصدر سابق ص544 .

(2) المصدر السابق ص 127 .

المرأة في صنع القرار ووصولها الى المستويات العليا للسلطة لما لهذين العاملين من القدرة على ايجاد عقلية واسعة مرنة متفتحة قادرة على استيعاب ما يستحدث في الحياة وتحليله تحليلا منطقيا ينم عن وعي وقدرة ذهنية اما اهم الدول التي اتخذت خطوات في هذا المجال المكسيك على سبيل المثال قامت باستحداث برامج للتدريب على القيادة موجهة لموظفات الخدمة المدنية على المستويين المحلي والوطني وانشأت ارغواي وشيلي برامج للتدريب على القيادة اما المراة العراقية فالعراق قام استنادا الى الدستور والقوانين لتجسيد مساواة المراة والرجل في ممارسة الحقوق السياسية وفي حق الانتخاب واستلام مراكزعليا كما قام العراق بأعداد دورات تدريبية لتشجيع المراة على المشاركة في بناء المجتمع اما تمثيل المراة في البرلمان فكان يمثل نسبة25 % وتحاول ان تكون نسبتها 50% وهنا أجد ان النسبة ليست المرجوه, ولكن البحث عن الخبرات الجيدة والكفؤة هي التي يجب البحث عنها وان التحديث يجب ان يكون من داخل المجتمع والاطياف العراقية وان يكون موضع ترحيب واندفاع من جميع الاطياف والاحزاب ، وكذلك في افريقيا نجد ان دولا مثل غينيا والكاميرون قد استحدثت برامج للتدريب للمترشحات للحملات الانتخابية [1] .

التمييز ضد المرأة في مجال التعليم

يزيد التعليم من قدرة الافراد على الوصول الى مستويات ثقافية وسياسية ومعيشية وفي كافة مجالات الحياة ،ويعمم التعليم الابتدائي للاناث[2]. ذلك لانه في المجتمعات العربية وعلى الرغم من انتشار التعليم كونه مطلبا عاما. التعليم يمكن الافراد في الوصول الى مستويات ثقافية وسياسية ومعيشية وفي

[1] المصدر السابق ص134 .

[2] المرأة العربية بين حقل الواقع وتطلعات التحرر ، مركز دراسات الوحدة العربية ، سلسلة كتب المستقبل العربي (15) ، مجموعة باحثين ، بيروت_ لبنان ، ط 1 ، ايار / مايو 1999 ص18 .

كافة مجالات الحياة المختلفة ، وهو وسيلة للوصول الى مستقبل افضل . لقد اهتم المجتمع الدولي للوصول الى تمثيل افضل في الحياة من خلال اتاحة فرص التعليم المناسبة ومتساوية في التعليم وعلى المراحل المختلفة . فقد نص الاعلان العالمي لحقوق الانسان على ان لكل شخص الحق في التعليم ولزومية كون التعليم في مراحله الاولى [1] مجانا ويمكن القول ان التحديات التي تواجه الاقطار في القرن الحادي والعشرين في تطوير نظمها التعليمية بحيث تكفل المساواة في الفرص بين الذكور والاناث . وتحث المؤتمرات الدولية والاقليمية (المؤتمر الدولي للتربية الذي عقد في جنيف عام 1990 ، ومؤتمر جومتين عام 1991) على ازالة كافة اشكال اللامساواة في التعليم ، الا ان النظرة الاجتماعية التقليدية ماتزال في معظم هذه المجتمعات وبخاصة في الارياف والبادية والتجمعات السكانية الشعبية ترى ان الوضع الطبيعي هو الزواج وحياة البيت وتقسيم الادوار بناء على هذا التمييز وعلى الرغم من تأكيدات المؤتمرات العربية (مؤتمر مراكش عام 1970   مؤتمر ابو ظبي عام 1977) على ازالة الفوارق في فرص التعليم فيما بين الذكور والاناث ،ولكن الواقع الفعلي لايعكس تنفيذ القرارات وما تزال نسبة تسجيل الاناث في جميع المستويات التعليمية اقل من الذكور .

لقد نصت الاتفاقية لازالة كافة اشكال التمييز العنصري على الحق في التدريب والتعلم [2] لقدكان في كتابات الاؤلين من العلماء والباحثين امثال رفاعة رافع الطهطاوي في كتابات المرشد الامين [3] للبنين والبنات وكذالك قاسم امين فنجد ان الطهطاوي[4] يؤكد منذ زمن ليس بالقريب على التعليم المشترك للبنين

---

[1] المادة (1,6 / 3/2) .

[2] المادة (5/هـ بند 5).

[3] رفاعة الطهطاوي ، المرشد الامين للبنات والبنين (1874).

[4] احمد طه احمد : المراة ، كفاحها وعملها (القاهرة : دار الجماهير ، 1964).

والبنات واعتبره ضرورة من اجل ان تتحول المراة من جاهلة الى متعلمة مع ادراكه باهمية الدور الانتسابي للمراة واقتبس قول الطهطاوي بان التعليم يساعد المراة لان تحدد لنفسها مكانا في الحياة من خلال الربط بين التعليم والعمل. وهنا التاكيد على ان العمل هو صيانة للمراة ويدنيها من الفضيلة ، واذا كانت بطالة الرجل فانها عار كبير بالنسبة للمراة وكذلك خطا (قاسم امين) بهذه الافكار واعتبارها مهمة فهو الذي يدعو الى تحرير المراة وربط هذا التحرير وغيره من القضايا الاجتماعية للنمط العلمي وهو ايضا متأثر بفلاسفة المجتمع ومنهم (أوكست كونت) . لقد اراد قاسم امين ان يصلح الخلل القائم في مسالة المراة بناء على ما اثبت العلم الطبيعي الحديث من ان المراة مساوية للرجل عقلا.

ان اعلان وثيقة حقوق الانسان جاءت لتسعف المجتمع من الويلات والدمار التي حلت بالمجتمع الدولي بعد الحرب الكونية الثانية 1949 ويمكن القول في ان اعلان حقوق الانسان لم يكن ما لم يكن هناك اعلان لحقوق المراة . ان مشكلة المراة العربية تكمن في جهلها لحقوقها القانونية وهذا خطير جدا فالجاهلة حقوقها لايمكنها حماية نفسها ، والسبب في جهل المراة حقوقها يعود الى عدم مشاركتها في عملية صنع القرار ووضع التشريع[1] . لقد نصت الاتفاقية الدولية بشأن الحقوق الاقتصادية والاجتماعية والثقافية على حق كل فرد بالثقافة وعلى وجوب التعليم الابتدائي الزاميا ومتاحا للجميع وكذلك جعل التعليم الثانوي ميسورا للجميع وكذلك جعل التعليم العالي ميسورا للكل ومتابعة تطور النظام المدرسي[2] وقد نصت الاتفاقية على ضرورة المشاركة بالحياة الثقافية والانتفاع بمظاهر التقدم والتكنولوجيا[3] ، لقد نصت الاتفاقية الدولية للقضاء على كافة أشكال التمييز ضد المرأة على المساواة والتدريب كذلك نصت الاتفاقية الدولية بشأن

---

[1] محمد سعيد النابلسي ، صورة المرأة العراقية في وسائل الاعلام : قضايا وتوجيهات دراسات عن المرأة العربية في التنمية (12) (بغداد اللجنة الاقتصادية والاجتماعية لغربي اسيا) 1985 ص908 .

[2] المادة (1،13 و 2 بند أ،ب،ج،د،هـ ،3) من الاتفاقية .

[3] المادة (15) من الاتفاقية .

الحقوق المدنية والسياسية على حرية الأباء والأمهات في التعليم الديني لأولادهم [1] لقد اكد اعلان فينا الصادر عام 1993 لحقوق الانسان على المساواة بين الرجل والمراة من خلال المساواة في فرص التعليم بجميع مراحله [2] ويعد منهاج عمل بكين التعليم حقا من حقوق الانسان ووسيلة اساسية لبلوغ اهداف المساواة والتنمية والسلام وقد حدد المنهاج عددا من الاهداف في اطار مجال الاهتمام بتعليم المراة تمشيا مع الاعلان العلمي المتعلق بتوفير التعليم للجميع الصادر عام 1990 واطار العمل لتلبية احتياجات التعليم الاساسية وتمشيا مع الاهداف التي حددها مؤتمر القاهرة الدولي للسكان والتنمية عام 1994 ومؤتمر القمة العلمي للتنمية الاجتماعية في كوبنهاكن عام 1995 الذي اوصى بان توفير الحكومات التعليم الأساسي للجميع وتكفل التحاق 80% على الاقل من الاطفال الذين بلغوا سن الدراسة الابتدائية وتعليمهم بحلول عام 2000 أكد أيضا على تخفيض معدل الأمية بين الإناث الى الضعف للمعدل المسجل عام 1990 على الأقل مع التركيز على المرأة الريفية والمهاجرة واللاجئة والمشردة في الداخل والمعاقة وتناول ولوج جميع مستويات التعليم بما في ذلك التدريب المهني والعلوم والتكنولوجيا وضمان عدم التمييز في التعليم والتدريب لقد تناولت ندوة التعليم المنعقدة في   (داكار) السنغال 26_ 28 نيسان عام 2000 التقدم المحرز بوجه عام ويستند هذا التقييم الى توفير التعليم للجميع الى 18 مؤتمر اساسي منها ذات صلة مباشرة بتعليم النساء والفتيات .واكدت الجمعية العامة عام 1997 على اهمية معرفة القراءة والكتابة كونها حقا من حقوق الانسان وعنصرا لايمكن الاستغناء عنه لقد نظمت الامم المتحدة للتربية والتعليم والثقافة (يونسكو) مؤتمرين دوليين اهتما في مسألة تعليم وتدريب المراة ، والمؤتمر العالمي المعني بالعلوم المنعقد في (بودابست) 1999 بذلت جهود لادراج المنظور الجنساني كما اشير الى دور المراة .واكدة لجنة مركز المراة في استنتاجها على الاسس الارشادية التى

---

[1] المادة (4,18) من الاتفاقية .

[2] الامم المتحدة ، الجمعية العامة ، المؤتمر العلمي لحقوق الانسان (فينا) المصدر السابق ص36 .

وضعت بشأن توفير التعليم والتدريب للمراة . واكدت اللجنة المعنية بالقضاء على التمييز ضد المراة اهمية توفير التعليم والتدريب[1] ان الكلام عن حقوق الانسان من خلال المواثيق الدولية والاعلانات الصادرة لم تحرز تقدم الا بشكل قليل في البلدان العربية ،والمجتمع العربي ينص من خلال الدساتير التربوية على حق المراة وتكافؤ الفرص في التعليم بالرجل ان هذا الاقرار بتكافؤ الفرص التعليمية للمراة قد استمد من التعاليم الدينية وايمان شديد بمبادىء الديمقراطية والعدالة والمساواة . ويخضع تعليم المراة في حدوده وكيفية ممارستها له وجهة الولاية عليه ، لذلك التباين في قوة تاثير النسق القيمي من عادات وتقاليد واعراف وكذلك لمفهوم الدين وقوته في المجتمع .والاتجاه السائد في المنطقة العربية هو ان تتمتع المرأة بالتعليم في جميع مراحله وليس بالضرورة في كل أقسامه وللمراة ان تتعلم وتكتسب المعرفة ولكن المعرفة هذه التي يقرها(الدين) وتهيأتها لان تكون اما وموطنة صالحة في المجتمع [2] على الرغم من الاتفاقيات الموقعة عليها الدول الاعضاء في الامم المتحدة بقي التعليم في كثير من البلدان العربية يحتل مواقع متدنية . ولم يكن من السهل على المراة العربية الالتحاق باالتعليم النظامي اذ وقفت الكثير من التقاليد والقيم الاجتماعية وبعض رجال الدين ضد التحاق الفتيات بالمدارس [3]

بينما اتخذت دول اخرى عربية وغير عربية إجراءات قانونية تكفل توفير فرص للفتيات لكي يحصلن على التعليم المجاني الالزامي خلال مدة اقصاها عشر

---

(1) الامم المتحدة ، المجلس الاقتصادي والاجتماعي ، المراة عام 2000 المساواة بين الجنسين ، المصدر السابق ص50 .

(2) انظر نسخة المستند (تعليم المرأة في العالم العرب وتحديات التقدم العلمي والتكنولوجي) ورقة قدمت الى ندوة تقييم نمو العلاقات بين العلم والتكنلوجيا والمجتمع في الدول العربية ، قطر 1-4 كانون الاول / ديسمبر 1986 .

(3) بدا التعليم للمراة في عموم المنطقة العربية متاخرا عن تعليم الذكور ، ويشير احد تقارير (اليونسكو) الى ان بعض الدول التي ترعى باهتمام تعليم المراة كالاردن وتونس قد بدا فيها تعليم المراة بسنين بعد تعليم الذكور وفي قطر بدأت تعليم البنات بشكل رسمي عام 1957 ، المصدر السابق .

سنوات مثل اندويسيا وغانا وسيشل اما من الدول العربية فقد قام بتبني سياسية التعليم الالزامي والمجاني للجميع من دون تمييز بين الجنسين من خلال قانون التعليم الالزامي (181) لعام 1976 . وكذلك اكد مبدأ عدم التمييز في قانون المعهد الاقليمي للبحوث الاحصائية ذي الرقم 59 لسنة 1979 وقانون الحملة الوطنية الشاملة لمكافحة الامية لسنة 1978 [1] ، وكذلك قامت دول عديدة بأنشاء لجان وفروع او فرق عمل بشأن ازالة التمييز من المناهج التعليمية والكتب المدرسية ففي(ترينداد وتوباغو) تم انشاء فرقة عمل لاستعراض المنهاج العلمي في المدارس الابتدائية وعدت استفادة المرأة من الانشطة الرياضية على قدم المساواة بمثابة اداة تعليمية تخلق بيئة مؤاتية تمثل السياسة الوطنية المتعلقة بالتعليم [2] .هناك بلدان لاتزال تشكو من الامية ذات المعدلات المرتفعة بين النساء ولاسيما في بلدان افريقيا الشمالية وافريقيا جنوب الصحراء وجنوب اسيا فضلا عن مسألة تحديد سقف زمني من عمر الانسان للتعلم تمثل صورة لانتهاك حقوقه ،فرغبة الانسان متواصلة ومستمرة للتزود بالعلم والتعليم المدرسي هو مجرد مرحلة اولى من مسار تعليمي اوسع بكثير لذلك تبرز اهمية التعليم مدى الحياة وقد شجع المؤتمر الدولي الخامس التعليم على اعتباره للجميع وبصورة مستمرة .وعلى سبيل المثال نجد امريكا الجنوبية المكسيك قد تخلصت من فرض سن الاربعين حدا اقصى لقبول النساء في الدراسات العليا[3]

عند الحديث عن التمييز ضد المراة لابد من ذكر مسألة التمييز في مجال التدريب المهني ولأهمية التدريب المهني باعتباره حلقة متواصلة ومتكاملة مع التعليم بل ان بعض العلوم لايمكن الالمام بها او تعلمها بمعزل ومنأى عن التدريب ان المجتمع يتقدم ويتطور بزيادة الانتاجية وهذا يتطلب أجراء تحسينات على التعليم والتدريب ، لقد عنيت دول كثيرة بمسألة المراة من ناحية توجيه الفتيات

---

[1] علي محمد ابراهيم الكرباسي ، دليل التشريعات النافذة ص137 .

[2] الامم المتحدة ، المجلس الاقتصادي والاجتماعي ، المرأة عام 2000 مصدر سابق ص57 .

[3] مكتب العمل الدولي ،مصدر سابق ،الوحدة التدريبية الخامسة ص 2.

الى ميادين غير تقليدية في الدراسة والتدريب المهني والى تحسين وصولها الى العلوم والتكنولوجيا ففي النمسا مثلا تنظم دورات خاصة بالحاسوب وشبكة الإنترنت لزيادة عدد الفتيات في المدارس التقنية وفي كوبا أقيمت برامج تدريبية في الجامعات على نطاق البلد ترمي الى إدماج برامج للتطور الوظيفي وتطوير المهارات عند النساء [1] ، على الرغم من التقدم المحرز في مختلف ميادين التعليم والتدريب فأن هناك واقعا حقيقيا يعكس صورة مختلفة عما رسمته النصوص والدعوات وذلك الواقع هو الذي تعيشه المراة في نواحي مختلفة من العالم . قد ظهرت نشاطات المركز الدولي للتدريب التابع لمنظمة العمل الدولية اطلق عام 1991 مركز البحوث والتوثيق للتدريب المهني بين البلدان الامريكية (INTER FOR) بمشاركة الدوائر الإقليمية للنساء العاملات في منطقة العمل الدولية برنامج إقليمي عرف ببرنامج تعزيز مشاركة النساء في التدريب التقني والمهني في امريكا اللاتينية[2] ،

كذلك مساعدات منظمة العدل الدولية للدول النامية لتحسين الانظمة الرسمية للتدريب المهني السابق للاستخدام وتطوير انظمة التلمذة التقليدية في القطاع غير النظامي وجعلها اكثر فعالية [3] ، وتظل الارقام الاجمالية للامية مرتفعة في اوساط النساء ممن يبلغن 15 سنة فما فوق ففي بعض البلدان الافريقية تبلغ نسبة الامية 50% وقد تصل نسبة 90% في دول اسيا ان احتمالات تعليم المرأة للقراءة والكتابة اقل بكثير من الرجال وتصل النسبة 22% في افغانستان وسيراليون 37% وفي جنوب اسيا لاتمثل سوى 5% فقط [4]

---

[1] الامم المتحدة ، المجلس الاقتصادي والاجتماعي ، المرأة عام 2000المساواة بين الجنسين ، مصدر سابق ص55 .

[2] Cinter for : baletin Tencina in teramcricane de for macion prfional montevideo , No 132_133 1995 .

[3] H.C. Haan . Community_based traiming for cmployment and incom jeneration , Geneva ,ltd 1994 p22 .

[4] طالب ابراهيم العقابي : اهداف استراتيجية نايروبي التطلعية ، المساواة والتنمية والسلم ، من حقوق الانسان ، ندوة بغداد الدولية حول حقوق الانسان والمرأة ، المصدر السابق ص125 .

ولمراعاة الفروقات بين الجنسين في ميدان التعليم يستدعي تغييرات في المؤسسات اذ يتحقق الدعم والمساواة بين الجنسين والتعاون فيما بين الوزارات ونجد بعض الدول الاوربية تقوم بالإفصاح عن الصعوبات التي تواجه الحكومة من ناحية صعوبة اقامة علاقة بين الاصلاحات الادارية واصلاحات المناهج التعليمية على الصعيد الوطني والاقليمي [1] ، لمعرفة الخلل والوصول الى نتائج افضل .

في كثير من البلدان فأن الحالة السياسية والاقتصادية غير المستقرة مثل النزاعات المسلحة قد اسهمت باستقالة المدرسين وتسرب الطلاب والحط من قيمة التعليم ، ومثال ذلك في العراق حيث اثرت الاوضاع التي يعيشها المجتمع ومواجهته لحرب طويلة وحصار شامل اثر على مجال التعليم كما اثر على بقية الحالات الاخرى ويظهر هذا التأثير بشكل واضح على الطفل والمراة فقد شهدت نسب التسرب زيادة في كل مراحل الدراسة ابتداءا من المرحلة الابتدائية الى الجامعات [2] ، ان العقبات التي تواجه الدول والمؤسسات في تنفيذ الاهداف المهمة في مجال المساواة في التعليم هي نقص الموارد وتحديدها وتأثيرها في الهياكل الاساسية للتعليم كتشييد المباني وتجهيزها بما يلزم مما يؤدي الى اهمال الاصلاح التعليمي المخطط له وان انخفاض اجور المدرسين يؤدي الى تثبيطهم وتخليهم عن وظائفهم مما له الاثر في ترسيخ التميز ضد النساء في حق التعليم .

---

[1] الامم المتحدة ، المجلس الاقتصادي والاجتماعي ، المرأة عام 2000 الساواة بين الجنسين ، مصدر سابق ص58 وما يليها .

[2] شيرمينجودت اليعقوبي ، الحصار الاقتصادي وتأكل الدور المجتمعي للمرأة العراقية ، ندوة بغداد الدولية ، مصدر سابق ص286 . ولمزيد من المعلزمات حول النسب الاحصائية الخاصة بالموضوع مراجعة النسب الاحصائية عام 1993 وزارة التخطيط . الجهاز المركزي للاحصاء .

الاسلام وتعليم المراة

اوصى الـلـه تعالئ بالعلم لانه يمثل قيمة انسانية عالية بين البشر وهو قيمة للرجل والمراة علئ حد سواء فلا يوجد فارق في اهمية اكتسابه بينهما لذا فان الـلـه سبحانه وتعالئ عندما يحث العبد في طلب العلم(وقل ربي زدني علما) [1] وكذلك لأن العلم مقياس للتفاضل بين البشر (قُلْ هَلْ يَسْتَوِي الَّذِينَ يَعْلَمُونَ وَالَّذِينَ لا يَعْلَمُونَ) [2] ان الدين الاسلامي لم يمنع المراة من التعلم والتثقف فالعلم يرفع قيمتهن ويزيد من فهمهن للحياة وكذلك يساعدهن على العمل بكفاءة واتقان وهو فرض على كل انسان [3] وكذالك يدفع العلم الى التفكير وقول الـلـه تعالى (وَيَتَفَكَّرُونَ فِي خَلْقِ السَّمَاوَاتِ وَالْأَرْض) [4] ان صيغة الكلام هنا, ان الـلـه سبحانه وتعالى لم يخص الرجال دون النساء . والرجل والمراة يضطلعان بالدور القيمي الانساني نفسه فلا يكون هناك مبرر للمفاضلة في العلم بينهما لا من جهة الدرجة العلمية التي يحصل عليها ولا من جهة طبيعة ما يتلقاه من علم .

---

[1] سورة طه ، اية (114) .

[2] سورة الزمر ، اية (9).

[3] محمد عزة دروزة .

[4] سورة ال عمران ، اية (191).

الفصل الخامس

مستقبل قضية حقوق الانسان

- حقوق الانسان في العالم الثالث
- التقييم لمستقبل حقوق الانسان في الدول النامية
- حقوق الانسان في ظل المشاكل والمعوقات
- مشاكل حقوق الانسان في دول العالم الثالث في المحور الاقتصادي
- مشاكل حقوق الانسان في المحور الاجتماعي والثقافي

الحديث عن موضوعات حقوق الانسان وقضاياه من المواضيع المهمة التي تستحوذ باهتمام واسع علماء السياسة والاجتماع وعلى الصعيد المحلي والدولي . ان السلطة السياسية التي تستخدم اساسا من اجل توجيه الافراد وتسخير ارادتهم لصالح مالكها او القابض عليها لاتؤثر على الافراد واحوالهم السياسية وبذلك يكون الاطار الذي تستقر عنده هذه الاوضاع انعكاسا لكيفية مالك السلطة لها وتعبيرا عن ارادته من حيث كيفية ترتيب شكلها ، تلك الارادة تظهر عبر مايمنحهم من مزايا وما يحملهم من تكاليف او يحجب عنهم من حقوق وامتيازات وبذلك فهي تعبير عن ارادة الحاكم لما يترتب عليه من شكل الاوضاع التي يعيشها الافراد . وهو بما يمتلك من خاصية وقدرة على فرض الارادة عليهم يمتلك كذلك صلاحية تضييق حدود هذه المزايا والتكاليف التي تخص كل فرد لوحده او في اطار وجوده ضمن الجماعة .

حقوق الإنسان في العالم الثالث

نجد أن الحياة السياسية في بلد ما ستكون نصيراً وانعكاساً لمجموعة تلك القيم والسياسات والاهداف التي تمثل ارادة الحاكم . وفي صورة اخرى نجد ان السلطة السياسية تتأثر في ادائها لفعالياتها بمجمل الظروف والقيم والايديولوجيا التي تسود مجتمعا معينا في فترة تاريخية معينة كما يرى معظم كتاب النظم السياسية امثال (ديفد استون وكابريل الموند)[35] وان موضوعات حقوق الانسان تعد من الموضوعات المهمة التي في عالم السياسة على الصعيدين المحلي والدولي وتاتي اهميتها من نسيج العلاقة التي تربطها كقضية سياسية مع مجمل البنيان الاجتماعي والسياسي لأي دولة او امة[36] .

من جهة اخرى فان السلطة حينما وجدت فان وجودها قائم في اطار علاقة تبادلية بين الفرد والمجتمع السياسي . فهي بالقدر الذي تسخر فيه ارادة الافراد لصالحها ينبغي عليها كذلك ان تكون في خدمتهم[37] .لقد كانت هناك حدود تفصل بين الحكام والمحكومين مما ينعكس على ذلك بشكل سلبي على حقوق الافراد يحرمهم من التمتع بها ومن المشاركة الفعلية في عملية القضاء على اسباب التخلف تلك ذلك لان الفرد هو اداة التغيير وسياسة التطور والنمو في المجتمع وعندما تشل طاقاته وتشل معها عملية النمو (اي المجتمع)[38]

---

[35] الدكتور كمال المنوفي : نظريات النظم السياسية

[36] محمد ينكو : حقوق الانسان وازمتها في اكاديمية المملكة المغربية (المحرر) الدول النامية بين المطلب الديمقراطي وبين الاولوية الاقتصادية ، الرباط ، نوفمبر 1994، ص25-26 .

[37] طارق الهاشمي ، الاسس الاجتماعية للانظمة السياسية ، مجلة العلوم القانونية والسياسية ، العدد /3 سنة 1981 ، ص130

[38] اسامة عبد الرحمن ، الانسان العربي والتنمية ، حقوق الانسان ركيزة محورية لااي انطلاقة تنموية ، مجلة المستقبل العربي ، العدد 131 ، ك 1990 ، ص 6 .

يصبح الفرد المجتمع يبقى فيها كل شيء على ماهو عليه من التخلف الموروث، ان هذه الظاهرة السلبية التي انسحبت اثارها على مرحلة الاستقلال استمرت ترافق حياة هذه الشعوب طيلة فترة عقود طويلة منذ تحررها الوطني مما انعكس على مرافق الحياة وعلى صعيد السياسة الدولية في العالم ، ويمكن ان نرى ان بعض دول العالم الثالث قد اسهمت في احداث تغييرات في حياتها العامة [39]هذا يؤكد لنا بوجود اتجاه ساسي بدأ يتنامى منذ اواخر الثمانينات من القرن الماضي يدعو الى الاعتراف بحقوق الانسان في هذه البلدان في وقت كان مجرد الحديث عنها يعد ضربا من الخيال وسط الانتهاكات المتكررة او النكران المتعمد لها من العديد من الانظمة.[40]ان مثل هذا التحول في الاتجاه هو مبعث تفاؤل لحصول تغيير وتطور على مستقبل هذه الشعوب التي تتطلع الى بناء مجتمعاتها على وفق أسس عصرية وموضوعية تعتمد على العلاقة الايجابية والمتكافئة والبناءة بين الحكام والمحكومين تنطلق من الاعتراف والاحترام المتبادل بينهما .ويمكن القول ان البلدان النامية امامها اشواط طويلة من العمل السياسي عليها ان تقطعها قبل ان تبلغ انظمتها المستوى المثالي المنشود والتي تحقق شعوبها الحرية والعدالة المنشودة .ان النظرة حول ماهية الدولة ومبرر وجودها والتي اقترنت بالفكر السياسي الذي يعالج طبيعتها واهدافها منذ عهد (روسو) وفلاسفة فكر التنوير الاخرين[41] . نفرض لها ان لاتشكل بوجودها عبئا على الافراد ولا تقف أمام تطلعاتهم وأمالهم بل يجب ان تنصب في سلوكها في البناء الاجتماعيى والحضاري الذي ينشدونه وان وجود السلطة بهذا المستوى لايحتمل التناقض مع وجود المجتمع بل يكون جزءا منه اذ هناك علاقة بين المستوى للاداء الجيد للدولة ودرجة حصول الافراد وتمتعهم بحقوقهم وشرعية

([39]) فيردي هاليدي ، باحث ، الحرب الباردة والعالم الثالث ، ص61-63 .

([40]) الدكتور محمد السيد سعيد ، حقوق الانسان بين الايديولوجيا والاخلاق العالمية ، السياسية الدولية ، عدد 96 ابريل 1989 ، ص56 .

([41]) سليم اللمناني: المجتمع المدني ومتطلباته ، الحملة العربية لحقوق الانسان ، 3/4 ، 1996 ، ص90-91

السلطة التي تنبثق عنها وهناك معادلة تقوم عليها حركة البناء السياسي للدولة يشترك فيها الحاكم لمحكوم[42]. ويمكن اذ تحافظ على توازنها واستمرارها كي يتمكن البناء السياسي والاجتماعي بدوره من المحافظة على كيانه من التصدع والانهيار او يصاب بالخلل والشلل[43] . ان النظم التي ترى مبرر وجودها واساس شرعيتها في الشعب الذي تحكمه ستتجسد ارادته في حدود المحافظة على هذه العلاقة الايجابية وبذلك تستمد السلطة امكاناتها في خدمة الشعب وتوفير الضمانات القانونية والدستورية للحفاظ على حقوق الافراد بينما العكس يحدث عندما تكون النظم السلوكية السلطوية التي تتجسد في قوة الحاكم وهيبته وخصائص شخصيته شرعية السلطة ومسوغ وجودها واساس ديمومتها فانها لامحالة سوف تطبق الخناق عليها وعلى ممارستها[44].

---

[42] اليا حريق ، التراث العربي الديمقراطي : الذهنيات والمسالك ، المستقبل العربي عدد 251 شباط سنة 2000 ، ص9 .

[43] د. علي خليفة الكواري ، نمو فهم افضل للتنمية باعتبارها عملية حضارية مجموعة باحثين في الواقع الراهن ، المستقبل العربي ، بيروت ، ط1 ، 1984 ص87 .

[44] اسماعيل صبري عبد الله ، المعنويات الاقتصادية والاجتماعية والديمقراطية في الوطن العربي ومجموعة باحثين الديمقراطية وحقوق الانسان في الوطن العربي مركز دراسات الوحدة العربية ، ط1 ، 1983 ، ص106

التقييم لمستقبل حقوق الإنسان

في الدول النامية

المنطلق الأول :- استمرار الوضع الراهن الذي ذكرته وماله من مساوئ للتخلف تحول دون احلال حقوق الانسان لموقعها الاساسي والطبيعي داخل المجتمع . ودون ممارستها وتطبيقها على اساس جيد ورصين .

المنطلق الثاني :- ان التحسن الذي طرأ على اوضاع هذه البلدان والتطور الذي ستلاقيه اليات تقييمها في ظل استجابتها وفقا عليها مع كل التغيرات الدولية والداخلية سينعكسان باثارهما الايجابية التي ستساعد في دفع موضوع حقوق الانسان في المستقبل المتطور .

ان الكلام الذي يدور حول حقوق الانسان نابع من ان الحق مرتبط بالانسان وان الانسان مرتبط بالجماعة فهي مادة المجتمع ولبنة تكوينه الاساسية ويكون من اهم المهام للمجتمع والاهتمام بكيفية تامين حقوق جيدة لهذا الانسان والعدالة والمساواة التي يحث عليها المجتمع.45 على الصعيد السياسي نجد ان هناك مجموعة من المشاكل السياسية لاسيما في ميدان حقوق الانسان استمرت تحت ضغط الظروف التي خلفتها العوامل الداخلية علىالرغم من التحسن الذي احدثتها المتغيرات الدولية الراهنة على اوضاعها(46) . فالجهود الرامية طيلة العقود الماضية مستمرة من اجل التخطيط وحل المعضلات وتنمية القدرات لها تتعثر في تلبية مطالب شعوبهاعلى الرغم من الجهود (47) .

(45) حسن ابو طالب : حقوق الانسان وطبيعة الدولة العربية الراهنة ، مجلة السياسة الدولية ، العدد 69 ، نيسان ، 1989 ، ص 93 .
(46) برهان غليون : الديمقراطية وحقوق الانسان في الوطن العربي مشاكل الانتقال وصعوبات المشاركة ، المستقبل العربي ، العدد 135 ، ايار 1990 ، ص32 .
(47) جاك لوب : العالم الثالث وتحديات البقاء ، ترجمة احمد فؤاد بليغ ، سلسلة عالم المعرفة ، 104 ، الكويت ، آب 1986 ، ص91 .

منظومة حقوق الانسان تنمو وتنتعش في بيئة اجتماعية وسياسية يفترض بها ان تكون سليمة وصحية وان عملية التطور التي تنشدها المجتمعات في مجال حقوق الانسان على المستويين الافقي والمقصود به توسيع قائمة تطبيقها ، والعمودي الذي يعني تعميق وتعزيز تطبيقها عموديا ستتوقف بدورها على مدى بقاء هذه المتغيرات الداخلية السلبية لانه طالما تكون المتغيرات باقية فاننا لانتوقع للحقوق والحريات ان تنمو وتنتعش لان التخلف لايساعد ولا يساهم في ممارسة حقوق الانسان[48] .

لابد من القول من ان اللائمة لاتقع كلها على الاوضاع الداخلية المختلفة من اجل الابقاء على تخلف اوضاع حقوق الانسان معها وان هناك مسؤولية مشتركة تتحملها شعوب هذه البلدان سيما نخبتها الوطنية الواعية وقيادتها السياسية في اجراء عملية التغيير دون الاستسلام للظروف التي ستتغير تلقائيا الا بتحريكها وعملها سوية فهو يقع على عاتق الشعوب والحكومات نفسها[49] .

ومن اجل اجراء مقارنة بين الاوضاع المتردية لحقوق الانسان وبين استمرار المشاكل السائدة لابد من تشخيص هذه المشاكل ومعرفة طبيعتها وابعادها في العالم النامي ومجتمعه . وهنا نتساءل عن ماهية المشاكل المعوقة وابعادها ؟ ان طبيعة المشاكل التي تؤثر في اوضاع حقوق الانسان لاتخص بعدا مجتمعيا بذاته وانما تتوزع على جميع زوايا المجتمع وانشطته ودرجة تاثيرها تتوقف على درجة مساسها قربا او بعدا بممارسة هذه الحقوق .

---

[48] د. عبد القادر القادري ، حق الشعوب في التنمية ، منتدى الفكر العربي ، النظام الانساني العالمي ، 1999، ص142-143 .
[49] هاروك نوبيرث ، النظام العالمي الجديد ومشاكل العالم الثالث ، ترجمة الدكتور محمد الزغبي وزميله ، بيروت ، ذو الطليعة ، ط1 ، 1996 .

حقوق الانسان في ظل المشاكل والمعوقات

في هذا المجال يمكن حصر توزيع مشاكل العالم الثالث ذات العلاقة والتاثير على اوضاع حقوق الانسان في محاور ثلاثة لابد من دراسة كل محور من هذه المحاور من حيث تاثيرها على منظومة الحقوق في المجتمع .

مشاكل حقوق الانسان

في دول العالم الثالث للمحور السياسي

ابراز دور المعوق السياسي في هذا الميدان يكون اكثر العوامل المجتمعية الذي يترك بصماته على اوضاع حقوق الانسان في العالم الثالث ، فهو يتضمن مجموعة من الظواهر والمتغيرات السياسية فنبدا بقمة الهرم السياسي الذي تتركز فيه السلطة وتنتهي بالفرد الذي يمثل بؤرة هذه الحقوق وغايتها وبما ان النظام الساسي جزء من هذا الهرم الذي يمثل القمة فيه واكثر اجزاء الهرم تأثيراً وفاعلية في المجتمع . فهذا العامل له تاثير سلبي عندما يسير عكس الاتجاه الذي حدد له او يتخلف عن مواكبة الحركة ضمن التنسيق الاجتماعي العام.

ولدراسة هذا الموضوع لابد من دراسة تاثير هذا العامل على قضايا حقوق الانسان في العالم والبلدان النامية فلا تكون انعكاساته عليها لكن علينا نوضيح القيود التي تحد من حركته ، ان الظاهرة السياسية - اية ظاهرة هي تعبير لصورة الواقع في مجتمع معين ولا يمكن لها بهذا الشكل ان تتحرر من قيوده والحياة السياسية التي تنبع الظاهرة منها تمثل شكل الحياة الاجتماعية لجماعة قومية)معينة. لا تعبر عنها النصوص الدستورية فقط ولها جانب متحرك   (القوى المتقارعة ،الأحزاب السياسية والنقابات وجماعات الضغط والمؤسسات الاجتماعية) فوجود النظام السياسي كونه احد الظواهر السياسية المهمة في

المجتمع يمثل انعكاسا للبيئة الاجتماعية الذي يهدف للوصول الى حل للمشكلات التي تواجهه وخدمة المجتمع[50] وعليه ان دراسة النظام السياسي بمعزل عن الواقع الاجتماعي لن تكون الا دراسة سطحية[51] .ان الابعاد الثلاثة للمجتمع البعد السياسي والبعد الاقتصادي والبعد الاجتماعي تؤثر وتتاثر ببعضها البعض مما يدل على عدم امكانية الفصل فيما بينها بسبب التداخل والترابط الذي يحكمه . لذا فالنشاط السياسي في البلدان النامية سوف يخضع لتاثير تلك الظروف والمتغيرات الاجتماعية والاقتصادية التي اوضحت اهميتها .

ان الاختيارات السياسية والايديولوجية فيها سوف تتاثر (بمعطيات البنية الاجتماعية السائدة فيها والقوى الفاعلة في تطورها وانعكاس ذلك على طبيعة المطالب السياسية)[52] . فالمعاناة الكبيرة التي تعاني منها بلدان العالم الثالث وخاصة ظاهرة التخلف السياسي[53] قد يرجع الى التمييز الذي تخضع له نظم هذه الدول لاينبع من افضليتها المبنية على توزيعها التقليدي بين اشكال دستورية معينة (نظم جمهوري ، ملكية ، ديمقراطية ، دكتاتورية)[54] . ان حالة التخلف السياسي تسود عادة عند (وجود انظمة سياسية لاتنسجم مع عصر تاريخي معين ولا تجاري حركة التاريخ في احد ادواره او اطواره)[55] . ان تقييم نجاح او فشل اي نظام يقوم بالاساس على مقدار الوظائف الاجتماعية التي ينجزها خدمة

---

(50) مصدر سابق ، ص163 .

51 Mourice Dwerger : The idia of polities Translated by Robert North & Ruth Murphy , London , 1971 , p 91 .

(52) عمر عبد الكريم سعداوي ، التعددية السياسية في العالم الثالث ، الجزائر نموذجا ، مجلة السياسة الدولية ، العدد /138 ، اكتوبر 1999 ، ص59 .

(53) كمال المنوفي ، نظريات النظم السياسية ، مصدر سابق .

(54) الدكتور احسان محمد شفيق العاني ، الانظمة السياسية والدستورية المقارنة ، جامعة بغداد ، 1986 ، ص23 .

(55) علي عباس مراد ، التنمية السياسية (المشاركة السياسية (محاولة تحديد مفهوم)) ، مجموعة باحثين ، مشكلات تجارب التنمية في العالم الثالث ، بغداد ، مركز دراسات العالم الثالث ، 1990 ، ص122 .

للمجتمع ولايهم انذاك الشكل الدستوري الذي يستقر عليه النظام فقد يفقد هذه الشرعية نظام جمهوري بسبب سوء الاداء السياسي وتخلفه وقد يكسبها نظاما اخر وان كان ملكيا وراثيا بسبب الفعالية العالية وتوافق سلوكه السياسي مع تطلعات الجماهير الذي يحكمها ومع الرغبات والتطلعات للكل .

تبقى مشكلة العديد من نظم الحكم في مجتمعات البلدان النامية من انها تعاني من مشاكل عديدة منها فقدانها لشرعيتها بسبب عدم مشروعية سلوكها الموصل بها الى السلطة وعدم قدرتها على التفاعل مع رغبات جماهيرها[56]. قد نتساءل عن سبب العجز في هذه الانظمة من تحقيق التفاعل والخلل في ذلك ؟ فالظروف التي تحيط بالنظام السياسي تؤثر فيه سلبا او ايجابا وهي ظروف قاسية اجتماعيا واقتصاديا تحيط بها المشاكل فيمكن ان تقول ان السبب في تخلف هذه الانظمة قد يرجع الى تلك الظروف وهو سبب لايمكن ان يكون وحيدا فقط . ولايمكن التعميم على كل دول العالم الثالث من حيث النظام السياسي فعند النظر الى خارطة العالم الثالث نجد مجموعة من النظم السياسية غالبيتها نظم جمهورية والملكية تمثل حيزا قليلا في هذا التوزيع . فهي قد تكون متشابهة من حيث التمسك بالسلطة وميلها في ذلك الا ان النظم الجمهورية تعترف دستوريا بمبدا انتقال السلطة عن طريق الشعب الا ان معظمها لايعترف في هذا المبدا وان الحاكم لايتغير الا في اسباب منها :

السبب الاول : مرض الحاكم وعجزه عن ممارسة اعماله في قيادة البلد او يموت .

السبب الثاني: الازاحة القسرية والثورات الدموية والانقلاب العسكري فالعراق ومصر والسودان ، سوريا ، كوبا ، نيكارغوا . هذه البلدان لم يشهد

---

(56) حقوق الانسان في الوطن العربي ، كتاب غير دوري عن الانظمة العربية لحقوق الانسان ، مجموعة باحثين ، العدد/22 ، ديسمبر 1988 ، ص143 .

تاريخها تغيير حكمها بشكل طبيعي وان كوبا لم يتغير حاكمها من بدء الحكم الشيوعي اي قبل مايزيد عن اربعة عقود .

ان ظاهرة احتكار السلطة من الظواهر السلبية التي تعبر عن انتهاك حقوق الانسان في الحرية والعدالة والمساواة . ان ظروف الازمات الوطنية الحادة تسمح وتؤهل شخصيات وطنية معينة للبروز بهذا الشكل وقد تؤدي الوسائل الشرعية (استفتاء ، انتخاب ، ...الخ) بشخصيات وطنية ذات ميول شخصية وفردية الى استلام الحكم وقد تدفع بعض الوسائل غير المشروعة (كالانقلاب والاحتلال والثورة) والى بروز هذه الحالة .[57]

في كلا الحالتين بالرغم من الظروف السياسية الداخلية التي اهلكت الحاكم اعتلاء سدة الحكم كما وفرت له الشرعية وعدت حكمه مؤقتا ،وميله نحو الاستقرار بالحكم غير مهتم بالارادة الشعبية وكذلك غير مهتم بالاستجابة لمطاليبها التي تضغط للحصول على المكاسب الموعودة مع اعلانه عدم التخلي عن الحكم واتباعه بعض الاساليب مثل العنف والارهاب ومن اجل المحافظة على كل ذلك يدفع بهذا الحاكم الى احتكار السلطة وتمريرها بيده على حساب حقوق الشعب وحرياتهم . يمكن القول بان استخدام العنف هو الوسيلة الاكثر شيوعا في دول العالم الثالث ، وهي الحالة التي يكون للوجود العسكري اكثر نشاط وقيام الحكم العسكري على اثرها وهي الظاهرة التي تسمى بالانقلابات العسكرية . وسوء الاحوال الاقتصادية والاجتماعية في البلاد مع غياب الامن ، الفوضى السياسية يكون عامل دفع لبعض الفئات العسكرية الى الاندفاع للانقلاب على الاوضاع القائمة والسيطرة على الحكم . وعلى الرغم عدم مشروعية هذه الحالة غير انها تبقى تحمل المبررات التي تدفع بقطاعات الشعب المختلفة في البلد الى اعلان دعمها وتأييدها الساذج لقادة الحكم العسكري .[58]

---

[57] الدكتور احسان محمد شفيق العاني ، مصدر سابق ، ص164 .

[58] د. خالد الناصر ، ازمة الديمقراطية في الوطن العربي - في الديمقراطية وحقوق الانسان في الوطن العربي .

ويزداد قادة الانقلاب شعبية عند اعلانهم الحكم العسكري حالة مؤقتة بررته حالة او الظروف السابقة ، وان الحكم سوف يكون مدنيا ديمقراطيا للشعب [59]

ان ازدياد حجم المطاليب الشعبية المفروضة على السلطة الحاكمة ، في مقابل ازدياد حجم الادلة التي تبرهن على عجزها في الرد عليها تظهر تدابير امنية صارمة منها العمل على تحقيق بيئة سياسية مغلقة تسمح باتخاذ تدابير قمعية ضد من يهدد استقرار الساحة الداخلية وعدم العودة الى الفوضى والعمل السياسي الذي سبق الحكم العسكري[60]. فعن طريق فرض قوانين الطواريء وفرض الرقابة على الانشطة الحزبية والاعلامية واستخدام الارهاب والقمع والاعتقال كسياسة ضد الشعب ، في كل الاحوال وايا كانت الطرق المؤدية الى اقامة مثل الانظمة فان سلطتها ستتحول من حالة شرعية الى بداية عهدها الى حالة تسلط[61] وبذلك تفقد الحكومة شرعيتها امام ضغف وفقدان الابنية المؤسسية المؤدية الى بلورة وانضاج القرار السياسي .

وتعاني البلدان النامية من بعض المعوقات والمعضلات التي تؤثر عليها وتهدد مستقبلها السياسي والاجتماعي منها :

1. معوقات على المستوى الاقتصادي :

يلعب التخلف الاقتصادي دورا كبيرا في اضعاف البلدان النامية ، وهو مظهر من مظاهر تخلف المجتمعات الذي يحول دون اقامة مجتمع يتمتع فيه الافراد بحقوقهم الاقتصادية ولان التخلف يحمل بين طياته معاني كثيرة ، فضعف الاقتصاد الوطني وفقدان القدرة على تامين حاجات الناس الى جانب مشاكل كثيرة تقود المجتمع الى الحرمان والفقر . وهي خصائص تمنع الافراد من الاستفادة

---

(59) صفاء موسى ، التحول السياسي وحقوق الانسان : نهاية النظم العسكرية والانتقال الى الديمقراطية في العالم الثالث ، مجلة س.س. العدد/96 نيسان 1989 ، ص87 .

(60) مصدر صفاء موسى ، مصدر سابق ، ص88 .0

(61) د. علي اسعدج وطفة ، بنية السلطة واشكالية التسلط التربوي في الوطن العربي / بيروت / مركز دراسات الدورة العربية ، ط1 ، 2000 .

من مضمون المادة (3) من الاعلان العالمي لحقوق الانسان التي تقضي ان (لكل فرد الحق في الحياة والحرية وسلامة شخصية [62] . وكذلك تظهر لائحة حقوق الانسان في الحرية الفردية وحق السفر الى اي قطر والعودة الى الوطن الام[63]ومع ذلك لاتعترف بهذا الحق الا اقطار قليلة سواء في قوانينها الدستورية وتغييراتها القضائية وذلك لمبررات مختلفة ، لقد اشارت دراسة منظمة العمل الدولية ان [64] (الاسباب السياسية والاقتصادية جعلت كافة الحكومات بضمنها الملتزمة بمبادىء الحرية الاقتصادية تضع قيودا صارمة على حركات الهجرة بقصد منع الافراد غير المرغوب فيهم من الدخول الى البلاد

مثل هذه القيود اكثر اهتماما بالهجرة الى داخل القطر منها الهجرة الى خارج القطر).[65]

2- معوقات على المستوى الاجتماعي والثقافي :

ان اشكال التخلف الاجتماعي والثقافي تظهر في اكثر من زاوية على صعيد بلدان العالم النامي يمكن التركيز على اكثرها تماسا بقضايا حقوق الانسان فهي تبرز عموما في هذه المجتمعات في سيادة حالة الجهل والامية وانتشار الامراض الصحية والاجتماعية . ومنها جرائم السطو والاعتداء والسرقات واشكال الجريمة المختلفة .

فان تدني التعليم هو من الصفات الملازمة والمميزة لكثير من ابناء البلدان النامية وعلى سبيل المثال لا الحصر الهند من الدول التي اثارها على عمليات التزوير وسرقة الاموات والتي ترافق العملية الانتخابية في اكثر هذه البلدان والتي تسهم ايضا في عدم الاستقرار السياسي وترافقه في المستقبل .

---

(62) الامم المتحدة : تقرير الامين العام عن اعمال المنظمة ، نيويورك ، 1998 .

63 United Nation Study of Discrimination in Respect of the Right .. 1968 , pp4-5

64 International labour office . international Migration , 1959 .

(65) الدكتور يونس حمادي علي : مبادىء علم الديمقراطية ، جامعة بغداد ، 1985 ، ص19 .

يتضح ان معظم الدول النامية تعيش في حالة (ازمة ديمقراطية) من خلال الوعي الثقافي والاجتماعي الذي يظهر فيه الافراد في هذه البلدان والتي تعكس حالة التخلف والفوضى السياسية الناجمة عن تقييد المشاركة السياسية وحقوق الانسان[66] .

ان اهمال دور الافراد ذكورا كانوا او اناثا من العوامل التي تعمل على تكريس التخلف الذي يدفع الى عدم استقرار البلدان النامية في جميع النواحي فاننا نجد ان القوانين التي توضع لاتكون في خدمة الافراد وبالتالي تستقل من نسبة الاشتراك في العملية الانتاجية وتطوير المجتمع ، فالمرأة في هذه البلدان ومنها الاقطار العربية تكون اكثر الفئات اجبارا على تحمل ظروف معينة جدا من اجل تامين متطلبات الحياة . وهناك عوامل مؤثرة في نسبة اشتراك المرأة في العمل المنتج لعل ابرزها البناء الاجتماعي والنظم الاقتصادية[67] ، السياسات والقوانين والخدمات المساعدة على مساهمة المراة في العمل اضافة الى المطالب الاساسية لتحسين دور المراة في معالجة مشكلات الافراد والمراة العاملة .

3- معوقات على المستوى السياسي :-

هناك معوقات عديدة تعرقل وتثقل مسيرة حقوق الانسان في المستقبل القريب فالمشاكل الناجمة عن الموروث الاستعماري للدولة حيث تسلم الشعب في عدد غير قليل من البلدان مؤسسة للدولة تتسم بضعف بنيتها وعدم مراعاة جغرافيتها السياسية لواقعها الاجتماعي المتعدد المتناقض بين طوائف وفئات اجتماعية ذات ميول واعراق مختلفة[68] .

---

[66] نور فرحات ، التعددية السياسية في العالم العربي : الواقع والتحديات الوحدة ، السنة 8 ، العدد 91 نيسان /ابريل ، 1992 .

[67] الدكتور قيس النوري ، المشكلات الاجتماعية في الوطن العربي المنشورة في مجلة معهد البحوث والدراسات العلمية ، العدد 14 سنة 1985 ، ص313 .

[68] هنري غريمان ، حركات التحرر الوطني يسار افريقيا ، ترجمة د. صباح كعدان ، دمشق ، 1994 .

فضلا عن تاثيرات البنية الاقتصادية والاجتماعية المختلفة والسائدة على خلق التمايز السياسي بين فئاته وتهميش دور عدد كبير منها سياسيا او الغاء بعضها – ويمكن ملاحظة أهم مظاهر التخلف في هذا الجانب وانعكاسه على اثار وتخلف حقوق الانسان مما تحول دون احراز أي تقدم في مركزها[69] .

1. تخلف مستوى الوعي الثقافي لدى بعض النخب الوطنية لصعودها المفاجيء احيانا وغير المشروع احيانا اخرى وافتقارها الى الخبرة العامة .

2. ان في اغلب بلدان العالم الثالث تكون الهياكل الوطنية متخلفة عن مواكبة التطور السياسي فيها .

3. ضعف الفعالية السياسية لبعض التنظيمات الاجتماعية ذات العلاقة المباشرة بنشاط الدولة وفي مقدمتها الاحزاب السياسية لوجود الانقسامات المجتمعية وعدم توحيد توجهاتها السياسية او اعتمادها على وسائل غير مشروعة .

4. التفتيت الداخلي لعموم البناء الاجتماعي ومواجهة مشكلة ضعف او فقدان الاندماج الاجتماعي من السلطة[70] .

5. عدم قدرة القيادة على استيعاب تناقضات المجتمع الداخلية مما ساعد على بروز الاتجاهات الانتقالية .

6. ان لغياب وتهميش دور القنوات التي تعزز العلاقة بين الدولة والمجتمع كمؤسسات المجتمع المدني ادى الى غياب المشاركة العقلية للجماهير في بلورة وضع القرار السياسي الذي يخدم الامة .

[69] جلال عبد الله معوض ، ازمة المشاركة السياسية في الوطن العربي ، محمد عزت حجازي وآخرون نحو علم اجتماع عربي سلسلة كتب المستقبل العربي ، ط7 ، بيروت 1994 ، ص74 .
[70] الدكتور رياض هادي عزيز ، المشكلات السياسية في العالم الثالث مصدر ص362-364 .

مشاكل حقوق الإنسان في
دول العالم الثالث للمحور الاقتصادي

في هذا المحور لابد من التأكيد على وجود مجموعة من المتغيرات التي تدخل ضمن مفهوم العامل الاقتصادي ولان العامل الاقتصادي مهم يدخل في تركيب وبناء المجتمع وبنيته التحتية فلا يستطيع اي مجتمع الحفاظ على مقومات كيانه دون اعتماد أسس اقتصادية يقوم عليها ، الكلام عن العامل الاقتصادي يقود الى ذكر مجموعة كبيرة من العناصر المادية بما فيها الموارد الطبيعية كالمعادن المخزونة والثروة الحيوانية والنباتية[71] . وجود بنية تحتية قوية يعتمد عليها الشعب لتامين حاجاته الاساسية فليس بالضرورة ان يؤهل البلد الاعتماد عليها في انطلاقة سلمية نحو البناء والتنمية التي تعود الى احترام حقوق الافراد ومتطلباته وفي هذا الموضوع لابد من التاكيد على قضية المراة ودورها في التنمية او العملية الانتاجية وكيفية تغيير ادوارها وتحسين مكانتها من اجل الادماج الكامل وقد اكد هذا مؤتمر المكسيك عن المراة عام 1975 وكذلك مؤتمر كوبنهاكن من 14-18 يوليو 1980 لتقييم التقدم الذي احرزته المراة خلال هذه الفترة[72] . وبشكل عام اذاً تبقى نسب اشتراك المراة في قطاعات الاقتصادج المنتجة متدنية جدا اذا ما قورنت بنسبة اشتراك الرجل[73] .

ان أحد الأسباب الرئيسة لهذا الموضوع هو نسبة النساء خصوصا في مواقع التأثير واتخاذ القرار مازالت نسبة طفيفة جدا .

---

[71] مسيرة التنمية في الثمانينات ، بحوث ودراسات ، المجلد الاول ، الجمعية الثقافية النسائية ، اشراف واعداد د. يحيى فايز الحداد ، قسم الاجتماع ، جامعة الكويت ، 1982 .

[72] المراة والتنمية في الثمانينات ، مصدر سابق ، ص63 .

[73] المراة ودورها في حركة الوحدة العربية ، بحوث ومناقشات ، ندوة مجموعة باحثين ، مركز دراسات الامة العربية ، بيروت ، لبنان 1981 ، ص267 .

وهنا يقود الكلام عن أهمية العامل الاقتصادي في توفير الحماية والأمن للمجتمع من خلال عملية التفاعل بين الأفراد والمؤسسات وسد الحاجة للمواطنين الذي يعمل على انشاء علاقة قوية ورصينة في الدفاع عن البلد داخليا او خارجيا وهنا سوف يتحول الاقتصاد القوي إلى وسيلة من وسائل القضاء على المشاكل الاجتماعية والسياسية التي قد تواجه الأفراد وعكس ذلك ان الدول المتدنية اقتصاديا فأنها تفقد القدرة على تلبية حاجات مواطنيها وانها قد لا تستطيع حل مشاكلهم .

ان العوامل السياسية لا يمكن ان تنفصل عن العوامل الاقتصادية والاجتماعية فهي متشابكة ومؤثرة مع بعضاً البعض .[74] والدول النامية امامها اشواط كبيرة من العمل السياسي الدؤوب ويمكن القول ان وجود اتجاه سياسي بدأ يتنامى من اواخر الثمانينات من القرن الماضي يدعو الى الاعتراف بحقوق الانسان في هذه البلدان في وقت كان حجم الحديث عنها لدى البعض ضربا من الخيال وسط الانتهاكات المتكررة والنكران المتعمد لها من العديد من الانظمة [75]

ان اهم المطالب للفرد هو توفير الحد الادنى من المعيشة التي يسعى اليها وما يتبع ذلك من حقوق فردية اضافية وجماعية ذات طابع اقتصادي كالسكن والأمن وطعام وفرص عمل . واعترافا منها بوجود مثل هذه العلاقة فقد جاءت تأكيدات العديد من المواثيق الدولية التي عالجت قضايا حقوق الانسان سواء بشكل مباشر او غير مباشر . لقد قامت (سورنسون)[76] بتصنيف النساء المتزوجات في انماط اربعة :

---

(74) اتجاهات جديدة في علم الاجتماع ، تحرير ميشيل هارالا مبوس ، ترجمة د. احسان محمد حسن ، د. عبد المنعم الحسني مواجهة ، د. عدنان ياسين مصطفى ، ابراهيم عبد الرزاق ، بغداد 2001 .

(75) محمد السيد سعيد ، مصدر سابق ، ص138 .

76 Sorenson (Women's Employment Patterns after Marrage) , Journal of Marria and the Family , vol.45 (1983) , pp113-121 .

النمط الاول تقليدي نجد ان المراة تعمل قبل الزواجو تتوقف عن العمل عند الزواج او انجاب الاطفال . ولا تعود الى العمل اطلاقا .

النمط الثاني هو النمط المتقطع الذي تتوقف المراة عن العمل لدى وضعها طفلها الاول ثم تعود الى العمل بعد انجاب ولدها الاخير .

النمط الثالث وفهو النمط المزدوج ومنه المزدوج التام حيث تستمر المراة في العمل طوال حياة الانجاب او المزدوج غير التام حيث تعود المراة الى العمل قبل طفلها الاخير . واخيرا النمط غير المتغير الذي يظهر دور المراة التي تنتقل في سوق العمل وخارجه في فترات مختلفة .

والحديث عن التخلف الاقتصادي للدول النامية يظهر بوجه عام السمة المميزة بدرجة كبيرة اقتصاديات هذه البلدان تكون سمة ايجابية تظهر عندما يلعب الاقتصاد دورا في استقلال عناصره القوية للقضاء على مشاكل المجتمع[77]، والسمة الأخرى هي سلبية عندما يكون العكس وتزداد اعتبار المجتمع وتتحول عناصره الضعيفة الى احداث تعوق التقدم وتزيد المشاكل . لقد اتضح من خلال دراسة اقتصاديات البلدان في العالم الثالث الى ان اقتصادها يتسم بالتخلف بدرجة يتحول فيها الى ظاهرة تعم معظم بلدانه والتي تؤكد نظرية التبعية التي ترفض اعتبار التخلف حالة اصلية وجدت عليها اقتصاديات العالم الثالث قبل اخضاعه للنفوذ الاوربي .

ويذكر (شارل عيساوي) في كتابه الذي جاء بعنوان الجذور الاقتصادية والاجتماعية للديمقراطية بالشرق الاوسط قوله (ان لم يزدد الدخل الفردي في الشرق الاوسط الى الضعفين او الثلاثة اضعاف مما هو عليه الان ، فان الجماهير

---

(77) محمد السيد سعيد ، حقوق الانسان بين الايديولوجيا والاخلاق العالمية ، السياسة الدولية ، العدد 96 ، ابريل 1989 ، ص56 .

ستبقى مشغولة بحاجاتها اليومية سوف تتابع اللحاق بكل قائد ديماغوجي يعدها بالتسهيل عن امورها)[78].

ويرى نادر فرجاني (... ان المشاركة الفاعلة في تسيير شركة المجتمع والمشاركة العادلة في ثمار النشاط الاجتماعي الاقتصادي هي ايضا شروط للتنمية التي تعني انشاء بنيان اجتماعي اقتصادي انساني ومتطور)[79] .

لقد جاءت تاكيدات العديد من المواثيق الدولية التي عالجت قضايا حقوق الانسان سواء بشكل مباشر او غير مباشر وتاكيداتها على اهمية ودور العامل الاقتصادي في تعزيز وتنشيط حقوق الافراد وضمان ممارساتها بعيدا عن اي تهديد مادي او معنوي .

وفي مقدمة هذه المواثيق ميثاق الامم المتحدة الذي عالج بعض قضايا حقوق الانسان في زوايا مختلفة والذي جاء فيه تاكيدات منها نص الفقرة (أ) من المادة /55 (تحقيق مستوى اعلى للمعيشة وتوفير اسباب الاستخدام الافضل لكل فرد والنهوض بعوامل التطوير والتقدم الاقتصادي والاجتماعي). وكذلك الفقرة أ، ب من المادة (17) من الاعلان العالمي لحقوق الانسان (لكل شخص حق التملك بمفرده او الاشتراك مع غيره) (ولا يجوز تجريد احد من ملكه تعسفا) . والمادة (23) تشير فقرتها الاولى الى (لكل شخص الحق في العمل وله حرية اختياره بشروط عادلة مرضية كما ان له الحماية من البطالة) . وابرز هذه التاكيدات وردت في العهد الدولي الخاص بالحقوق الاقتصادية والاجتماعية والثقافية ، حيث تنص الفقرة (أ) من مادته الاولى (ولجميع الشعوب تحقيقا لغايتها الخاصة ، ان تتصرف بحرية في ثرواتها ومواردها الطبيعية ولا يجوز بحال من الاحوال حرمان شعب من وسائله المعيشية الخاصة). اما المادة الثالثة منه فتؤكد ان (تتعهد

([78]) شارل عيساوي ، الجذور الاقتصادية والاجتماعية للديمقراطية بالشرق الاوسط ، ص32 .

([79]) نادر فرجاني ، ازمة الديمقراطية في الوطن العربي ، بحوث ومناقشات ، الندوة الفكرية التي نظمها مركز دراسات بيروت ، الوحدة العربية ، ص95 ، (البناء الاقتصادي والاجتماعي لحقوق الانسان) .

الدول والاطراف في العهد الحالي بتامين الحقوق المتبادلة للرجال والنساء في التمتع بجميع الحقوق الاقتصادية والاجتماعية والثقافية المدونة في العهد الدولي   الحالي)[80] .

وعلى سبيل المثال يشير احدى التقارير الدولية الى الفقر يترك اثرا كبيرا على نسبة كبيرة تقدر ما بين (90-100) مليون نسمة من سكان الوطن العربي اي مايعادل نسبة 34- 38 % من سكان الوطن العربي[81] . كما يشير تقرير التنمية البشرية لعام 1999 الى ان هناك قرابة (1.3) بليون نسمة في العالم يعيشون على اقل من دولار واحد يوميا وان مليون شخص لايستطيع توفير حاجاته الاساسية الاستهلاكية[82] ،وان حصة الاسد ستكون من نصيب دول العالم الثالث .

---

[80] برنامج الامم المتحدة الانمائي ، حقوق الانسان ، الوثيق الدولية لحقوق الانسان ، نيورك ، الامم المتحدة ، 1995 .
[81] برنامج الامم المتحدة الانمائي : القضاء على الفقر ، الامم المتحدة ، نيورك ايار ، 1997 ، ص18 .
[82] برنامج الامم المتحدة الانمائي : تقرير التنمية البشرية لعام 1999 ، مصدر سابق ، ص 22 ، وانظر محمـد فـائق ، حقوق الانسان والتنمية ، المستقبل العربي ، العدد/ 251 ، ك2/ 2000 ، ص103 حيث تشير الى احصائيات مشابهة .

مشاكل حقوق الإنسان للمحور

الاجتماعي والثقافي

المجتمع المدني الذي يعتمد في ادائه لوظيفته الاجتماعية على مجموعة كبيرة من البنى والمؤسسات التي تمكنه من اداء هذه الوظائف الاجتماعية او الرد على المطالبات التي تثيرها الانشطة الفرعية لوحداته وبالتالي فان هذه المؤسسات سوف تتحول الى عناصر ايجابية تضاف الى قوة المجتمع وتماسكه ووحدته ، كما يكمل نشاطها الاجتماعي ، عمل ونشاط مؤسسات الدولة السياسية بهذا الشكل ان هذه المؤسسات تؤدي دور مهما في الوقت الحاضر ليس في المساعدة على نجاح العملية السياسية في اي بلد فحسب وذلك بالتخفيف عن كاهل الدولة عبء المشاكل التي تعالجها هذه المؤسسات وانما تعمل لتعميق وتعزيز مكانة حقوق الانسان ودورها في المجتمع ، القدر الذي تستقبل هذه القنوات الاجتماعية مطاليب الافراد والجماعات معها وتعطي الحلول للمشاكل الاجتماعية التي تستقبلها . وان النقص في عمل هذه المؤسسات سوف لن يؤدي الى تحقيق الافراد لمكاسبهم وحريتهم واهدافهم في هذه البلدان . وعلى سبيل المثال تعد المؤسسة التعليمية والثقافية بكافة مراحلها ومستوياتها احد هذه المؤسسات ، وان حرمان المجتمع في اي بلد من التعليم سواء كان ذلك بسبب ضعف الامكانات والقدرات الوطنية وبسبب عدم توفير القرار السياسي بتعميمها سوف يشكل عائقا امام رغبة الافراد في التخلص من مشكلة الامية وبالتالي بعد ذلك بمثابة حرمان الفرد من حق من حقوقه الاساسية وهو المتعلق بالتعليم وكسب المعرفة ، اذ تشير بعض الدراسات المتعلقة بهذا الصدد ان هناك منذ عام 1997 مايناهز (850) مليون بالغ في العالم الثالث من الاميين ومعهم (260) مليون طفل خارج التعليم المدرسي وعلى المستويين الابتدائي والثانوي اما موضوع التباين الذي يكون عليه اكثر من حالة في المجتمع في المجتمعات

النامية واذا كان صحيحا ان جميع بلدان العالم الثالث تتغير الى الوحدة والغاء الجنس للاقوام . والشعوب التي تتكون منها وتشكو من ظاهرة النوع . ان الحديث عن التنوع في التوزيع السكاني واللغات وغير ذلك فهو غير صحيح حيث لا تشكو هذه البلدان في العالم من الازمات الاجتماعية التي تنجم عن ظاهرة التنوع والتباين الاجتماعي ، ففي القليل يتسم التعدد بسمة ايجابية في الكثير منها يحمل التعدد سمة سلبية ، اما الحالة الايجابية فهي تكاد تقتصر على دول العالم الغربي بشكل عام اما العديد من مجتمعاتها سواء في اوربا وفي القارة الامريكية تظهر فيها اشكالية التركيب السكاني المتنوع وهي اشكالية ناجمة عن تجمع اعداد قليلة من المواطنين في بلدان هذه المناطق ممن هم من ذوي اجناس (عروق) او شفافات ولغات اجنبية متعددة . الا ان اشكالية التعدد الجنسي والعرقي والتنوع الثقافي في هذه البلدان لم تتحول الى مشكلة اجتماعية كبيرة تثير الفرقة والانقسام والاختلاف الاجتماعي والسياسي فيها لا بشكل قليل[83] وبما يسبب انماء الشعور لدى هذه الجماعات الصغيرة بالنفور من الجماعات الكبيرة والقبول بالعيش معها داخل الوطن الواحد .

ان السياسات التي تنتهجها الحكومات في هذه البلدان حيث ان تطوير انظمتها الاجتماعية والاقتصادية والسياسية ساعد على اختفاء المشكلات تبرزها حالة التعدد .[84]

ويمكن القول ان التعدد عنصر قوة ومظهر للتوحيد في غالبيتها في الوقت الحاضر وان استجابة الحكومات المعنية في هذه البلدان مع مصالح تلك الجماعات عن طريق اجراء الاصلاحات البارزة في حياتهم (والاعتراف بثقافات ولغات تلك

---

(83) برنامج الامم المتحدة الانمائي : تقرير التنمية البشرية لعام 1999 ، مصدر سابق ، ص22

(84) تيد روبرت جار : اقليات في خطر ،تعريب عبد الحكم وزميلته ، القاهرة ، مكتبة مدبولي ، ط1 ، 1995 ، ص155-160 .

الاقليات واتاحة الموارد لهم واعطائهم المزيد من الاستقلالية)[85] قد ساهمت في حل الاشكالات المتعلقة بتعددهم .

وترى بعض الدراسات في تركيبة المجتمعات هي تركيبة مختلفة ومعقدة لكونها تمتاز (بالكثير من اسباب التباين والاختلاف والانشقاق على العديد من الاصعدة اجتماعية كانت ام ثقافية انية)[86] ان التنوع الديني والطائفي العرقي هي ظاهرة تسود غالبية هذه البلدان ان لم تكن جميعها وقد نرى بلادا مثل اوغندة لايتجاوز سكانه (15) مليون نسمة ان من مميزات هذه الدولة انها تحتوي على (19) لغة[87] . ويرى البعض ان افريقيا من الناحية اللغوية هي اشد المناطق تعددا في العالم ويعد في افريقيا عدد اللغات اكثر من ثمانمائة لغة . يرى البعض في مدرسة اللغات الشرقية بجامعة شعوب العالم الثالث كانت هدفا ولا تزال للغزو الاستعماري وكانت السياسة الاستعمارية في العديد منها وخصوصا في افريقيا تقوم على ارساء وتفضيل لغة المستعمر الاجنبية على اللغات المحلية وجعلها اللغة الرئيسة .

وما قيل في التنوع اللغوي ، يمكن ان يقال كذلك في التنوع والتعدد في باقي الاصول الاجتماعية في العالم الثالث.

ان هذه الظواهر لاتخص بلدان العالم الثالث فقط بل ان الحالة السائدة في عالمنا اليوم خليط من الشعور وكذلك نجد في معظم البلدان هناك اغلبيات تشترك في تاريخ واحد وفلسفة وخلفية ثقافية واحدة . وهناك جماعات هي الاقليات لكل منها سماتها الخاصة[88] . ان لتعدد الاعراق والاديان والجماعات الفئوية داخل تركيبة السكان في هذه الاجزاء من العالم يشكل ظاهرة سلبية لانها محاطة

[85] نفس المصدر ، ص344 .
[86] دز رعد عبد الجليل ، الخيار التعددي في بلدان العالم الثالث ، مجلة العلوم السياسية ، العدد /15 والعدد/ 16 ،ك2 ، حزيران ، 1996 ، ص.89.
[87] نفس المصدر ، ص137 .
[88] الامم المتحدة : حقوق الانسان وحقوق الاقليات ، صحيفة وقائع ، رقم (18) جنيف ، آب/1990 ، ص1 .

باوضاع اقتصادية غير مستقرة وثابتة ولتظافر عوامل داخلية وخارجية تجتمع في هذه البلدان منها العامل الاستعماري . ان التعدد عامل فرقة وتنافر اجتماعي يؤدي الى تمزيق الصف الوطني في هذه البلدان بدلا من توحيده وعندما تتنافر هذه الجماعات فيما بينها من اجل الحصول على مكاسب جزئية وآنية تخص بعضها دون اخرى . ان الشعور الذي يغلب على بعضها يزيد من الفرقة والتناحر حين تنص بالحرمان والفقر والمهانة الاجتماعية والسياسية والمعاملة البيئية التي تتلقاها من الجماعة الاكثر هيمنة وسيطرة والاكثر نفوذا . ان افريقيا كمثال يعطي الكثير من بلدانه نماذج للمشاكل السياسية التي تتأثر فيها نتيجة حرمان فئات من المواطنين من حقوقهم الاساسية بسبب هذه الاختلافات الاثينية والدينية[89] .

ان هذه النماذج لاتقتصر على افريقيا وانما موجودة في اماكن مختلفة في العالم الثالث فهناك مشاكل متعلقة بين (السنهاليين والتاميل) كمشاكل طائفية اساسية في دولة سريلانكا وهناك مشكلة عدم اندماج طائفة السيخ في اقليم البنجاب الهندي[90] . ومما ينتج عن ذلك من مشاكل عدم الاستقرار السياسي في الاقليم المذكور . وكذلك ان دول امريكا اللاتينية تظهر فيها الاختلافات والتنوع العرقي واللغوي مثل البرازيل[91] . فالمشكلة تبرز عندما تقوم هذه المجموعات الاقلية بالمطالبة بما تعتقده جزءا مسلوبا من حياتها وشخصيتها . او من اجل منع وقوع الحرمان السياسي على بعض حقوقها ، وتزداد المشكلة في ظل عدم التوازن التي تبرز نتيجة التطلعات التي تبرز بها الاقليات نحو الحصول على استقلالها الذاتي وبين الضغوط السياسية الداخلية لإخفاق مثل هذه التطلعات من جهة والضغوط الخارجية الدولية او الاقليمية من اجل تعميقها من جهة اخرى .

---

(89) احمد ابراهيم محمود : الامم المتحدة وخطط السلام في افريقيا ، مصدر سابق ص123 .
(90) محمد جواد علي : التاميل والمشكلة السريلانكية ، مجموعة باحثين ، مصدر سابق ص129-196 .
(91) اناظم عبد الواحد جاسور : الوحدة الوطنية البرازيلية ، مشكلة الاقليات العرقية ، مجموعة باحثين التاميل والمشكلة السيرلانكية ، ص472- 492 .

ومرة اخرى تعود جماعات بالهيمنة عليها واضعافها من جماعة اخرى فيحصل النفور وعدم التجانس اجتماعيا وسياسيا واقتصاديا مما يؤدي الى النزاعات والصراعات الداخلية التي تضعف البلدان[92]. فمنظمة حقوق الانسان تظهر لتعبر عن توجهها الايجابي عندما تكون داخل مجتمعات تبنى فيها العلاقات الاجتماعية بين الفئات والجماعات الوطنية على مبدا الاعتراف والقبول بالاخر وتتحرك ضمن قنوات الحوار الهاديء والتفاهم . ان مشكلة حقوق الانسان قائمة (شديدة الحدة لدى العديد من هذه البلدان نتيجة الغياب المتعمد والاهمال القسري لدور فئات واسعة كثيرة من شرائح مجتمعاتها المختلفة والمتناحرة . ان التناحر والتفكك الاجتماعي فيما بينها يكون بسبب فقدانها او عدم بلورة ونضوج القنوات الاجتماعية التي تسهم في تماسك الشعب ووحدته من جهة وترفع مستوى كفائته والتفاهم بين افراده من جهة اخرى وهذه هي المؤسسات والبنى الاجتماعية الفرعية والرئيسية التي تسهم في تحقيق الحاجات الاجتماعية المنشودة في القضاء والتقليل من المشاكل المستقبلية .

---

[92] تيد روبرت جاد : اقليات في خطر ، مصدر سابق ، ص10 .

المصادر

المصادر العربية :

القرآن الكريم

1. ابراهيم ، نصحي ، تاريخ الرومان ، ج1 ، دار النجاح ، بيروت .

2. اتجاهات جديدة في علم الاجتماع ، تحوير ميشيل هار لامبوس ، ترجمة د .احسان محمد حسن ،د عبد المنعم الحسني ، د . عدنان مصطفى ، ابراهيم عبد الرزاق ، بغداد ، 2001 .

3. احمد ، د.محمد شريف ، فكرة القانون الطبيعي عند المسلمين ، دراسة مقارنة ، منشورات وزارة الاعلام ، دار الرشيد للنشر ، 1980 .

4. احمد امين ، زكي نجيب محمود ، قصة الفلسفة اليونانية ، ط1 ، القاهرة ، 1935.

5. احمد طه احمد ، المراة كفاحها وعملها (القاهرة ، دار الجماهير 1964 .

6. ارسطو طاليس ، السياسات ، ترجمة اوغسطين بربارة ، اللجنة الدولية لترجمة الروائع الانسانية ، بيروت ، 1957 .

7. اسماعيل ، ابراهيم محمد ، الاسلام والمذاهب الاقتصادية المعاصرة ، دار الناصر للطباعة ، القاهرة ، 1961 .

8. اسماعيل مظهر ، المراة في عصر الديمقراطية ، بحث في تاييد حقوق المراة ، مكتبة النهضة المصرية .

9. الاسود ، د . صادق ، علم الاجتماع السياسي ، اسسه ابعاده ، كلية العلوم السياسية ، بغداد ، 1990 .

10. الامم المتحدة ، المؤتمر العالمي لحقوق الانسان ، نيويورك ، 1995 .

11. الامم المتحدة ، حقوق الانسان ، نيويورك ، 1995 .

12. الامم المتحدة ، حقوق الانسان وحقوق الاقليات ، صحيفة وقائع ، رقم (18) ، جنيف ، 1990 .

13. الامم المتحدة وحقوق الانسان ، مكتبة الاعلام العام ، بلا تاريخ .

14. البهي ، محمد ، حقوق الانسان في القرآن ، بحـث ضـمن حقـوق الانسـان في الاسـلام ،مجمـوع البحوث الاسلامية ، القاهرة ، 1971 .

15. الترمانيني ، عبد السلام ، تاريخ النظم ، والشرائع ، مطبوعات جامعة الكويت ، 1975 .

16. الجابري ، محمد عابد ، نحو اعادة بناء قضايا الفكر المعـاصر ، مركز الوحـدة العربيـة ، بـيروت ، 1992 .

17. الحسن ، احسان محمد ، كتاب مقومات المجتمع العربي ، بحث منشور في كتاب دراسة المجتمع العربية الصادر عن اتحاد الجامعات العربية (الامانة العامة) الرياض ، 1990 .

18. الحفناوي ، د . عبد الكريم ، تاريخ النظم الاجتماعية والقانونية ، مؤسسة شباب الجامعة .

19. الحفناوي ، د . عبد المجيد .

20. الحمداني ، شعيب احمد ، قانون حمورابي ، كتاب جامعة بغداد ، بيت الحكمة ، 1987 .

21. الخالدي ، محمود ، بوسولوجيا ، الاقتصاد الاسلامي ، مكتبة الرسالة الحديثة ، عمان ، 1985 .

22. الدليمي ، الدكتور حافظ علوان ، المدخل الى علم السياسة ،كلية العلوم السياسية ، 1989 .

23. الظاهر ، احمد محيي ، حقوق الانسان ، ط1 ، 1988 .

24. العاني ، د . احسان محمد شفيق ، الانظمة السياسية والدستورية المقارنة 1986

25. العزاوي ، ايمان ، الوضع القانوني للمراة في العراق ، ندوة بغداد الدولية ، حول حقوق الانسان ، مقدمة ، 1994 .

26. العقابي ، طالب ابراهيم ، اهداف استراتيجية نايروبي التطلعية ، المساواة التنمية والسلم ، من حقوق الانسان ، ندوة بغداد الدولية .

27. الغزالي ، محمد ، الاعلان العالمي لحقوق الانسان ، كتاب حقوق الانسان بين تعاليم الاسلام واعلان الامم المتحدة ، دار التوفيق ، القاهرة ، 1984 .

28. الغزالي حرب ، استغلال المراة في الاسلام ، دار المستقبل العربي ، القاهرة ، وعمر رضا كحالة ، المراة في عالمي العرب والاسلام ، سلسلة البحوث الاجتماعية (7) ، مؤسسة الرسالة ج2 ، 1997.

29. القادري ، د . عبد القادر ، حق الشعوب في التنمية ، منتدى الفكر العربي ، النظام الانساني العالمي ، 1990 .

30. الكرباسي ، علي محمد ابراهيم ، دليل التشريعات النافذ .

31. الكواري ، د . علي خليفة ، نحو فهم افضل للتنمية باعتبارها عملية حضارية ، مجموعة باحثين في الواقع الراهن ، المستقبل العربي ، بيروت ط1 ، 1984 .

32. الماجوري ، د . جمال محمد فقي ، المراة في الفكر الاسلامي، جزء 1 1986 .

33. المراة العربية بين حقل الواقع وتطلعات التحرر،سلسلة كتب المستقبل العربي (15) ،مجموعة باحثين ، بيروت -لبنان ، ط1 ايار / مايو 1999 .

34. المراة والتنمية في الثمانينات، بحوث ودراسات الجمعية الثقافية والاجتماعية النسائية ،اشراف الدكتور يحيى فايز الحداد ، قسم الاجتماع والخدمة الاجتماعية ، الكويت ، 1982 .

35. المرزوقي ، ابراهيم عبد الله ، حقوق الانسان في الاسلام ، ترجمة محمد حسين ، مراجعة المستشار حسن الحفناوي ، 1997 ، المجمع الثقافي ، ابو ظبي .

36. الناصر ، د . خالد ، ازمة الديموقراطية في الوطن العربي في الديموقراطية وحقوق الانسان في الوطن العربي .

37. النبهان ، محمد فاروق ، نظام الحكم في الاسلام ، جامعة الكويت ، 1972

38. النوري ، د.قيس ، المشكلات الاجتماعية في الوطن العربي المنشورة في مجلة معهد البحوث والدراسات العلمية ، العدد14 ، 1985 .

39. اليا حريق ، التراث العربي الديمقراطي ، الذهنيات والمسالك ، المستقبل العربي ، العدد 251 ، شباط 2000 .

40. باقر ، طه ،فاضل عبد الواحد علي ، عامر سليمان ، تاريخ العراق القديم ، ج1 ، مطبعة جامعة بغداد ، 1980.

41. برنامج الامم المتحدة الانمائي ، القضاء على الفقر ، الامم المتحدة ، نيويورك ، 1997 .

42. برنامج الامم المتحدة الانمائي ، تقرير التنمية البشرية لعام 1999 .

43. برنامج الامم المتحدة الانمائي ، حقوق الانسان ، الوثيقة الدولية لحقوق الانسان ، نيويورك ، الامم المتحدة ، 1995 .

44. برهان غليون ، الديموقراطية وحقوق الانسان في الوطن العربي ، مشاكل الانتقال وصعوبة المشاركة ، مجلة المستقبل العربي ، العدد135 ، 1990 .

45. بطرس غالي ، ومحمود خيري حسين ، المدخل في علم السياسة ، القاهرة ، مكتبة الانجلو المصرية ، 1959 .

46. بهنس ، احمد فتحي ، التعددية في الاسلام ، بيروت ، 1979 .

47. تيد روبرت ، جار ، اقليات في خطر ، تعريب عبد الحكم وزميلته ، القاهرة ، مكتبة مدبولي ، 1995 .

48. ثروت بدوي ، النظم السياسية ، دار النهضة المصرية ، القاهرة ، 1964

49. جاسور ، د.ناظم عبد الواحد ، الوحدة الوطنية البرازيلية ، مشكلة القليات العرقية ، مجموعة باحثين التاميل والمشكلة السيرلانكية .

50. جاك لوب ، العالم الثالث وتحديات البقاء ، ترجمة احمد فؤاد بليغ ، سلسلة عالم المعرفة ، 4 ، الكويت ، 1986 .

51. جورج سباين ، تطور الفكر ، ترجمة حسن جلال العروس ، ج1 ، دار المعارف ، القاهرة ، 1954 .

52. جورج سباين ، تطور الفكر السياسي ، جزء 2 ، ترجمة حسن بلال ، دار المعارف ، القاهرة ، 1964 .

53. حريات وحقوق ، العدد الاول ، ابريل ، 2001 . مجلة دورية متخصصة بحقوق الانسان والمراة .

54. حسن ابو طالب ، حقوق الانسان وطبيعة الدولة العربية الراهنة ، مجلة السياسة الدولية ، العدد 69 ، 1989 .

55. حقوق الانسان ، كتاب صادر بمناسبة الذكرى الخمسين للاعلان العالمي لحقوق الانسان ، 10 / 12 / 1998 .

56. حقوق الانسان العربي ، مجموعة باحثين ، المستقبل العربي (17) مركز دراسات الوحدة العربية ، بيروت ، لبنان ، ط1 ، ت2 ، 1999 .

57. خلف ،نديم عيسى ، تحرير المراة كتيب ، مكتبة العلوم السياسية جامع بغداد .

58. دراسة مقدمة الى ندوة بغداد الدولية لحقوق الانسان والمراة ، سبل مواجهة التحديات ، العراق ، بغداد ، 1994 ، موقع الانترنت .

59. رشيد ، فوزي ، الشرائع العراقية القديمة ، دار الرشيد ، بغداد ، 1979 .

60. رعد عبد الجليل ، الخيار النقدي في بلدان العالم الثالث ، مجلة العلوم السياسية ، العدد /15،16 ، 1996 .

61. رفاعة الطهطاوي ، المرشد الامين للبنات والبنين ،(1874) .

62. رموند كار فيلد كيتل ، العلوم السياسية ، ط1 ، ترجمة د . فاضل زكي محمد ، ط2 ، بغداد ، مكتبة النهضة ، 1963 .

63. روبير بيلو ، المواطن والدولة ، ترجمة نهاد رضا ، بيروت ، ط3 .

64. رياض هادي عزيز ، رئيس جمعية الانسان في العراق ، كلية العلوم السياسية ، بغداد ، 1994 .

65. زينب خضري ، قاسم امين ، المراة الجديدة ، القاهرة ، سيناء للنشر

66. سعداوي ، عمر عبد الكريم ، التعددية السياسية في العالم الثالث ، الجزائر ، تمورها ، مجلة السياسة الدولية ، العدد / 138 / 1999 .

67. سعيد ،محمد السيد ، حقوق الانسان بين الايدولوجيا والاطلاق العالمية السياسية ، الدولية ، العدد 96 ، ابريل ، 1989 .

68. سليم ، شاكر مصطفى ، قاموس الانثروبلوجيا ، انكليزي ، عربي ، ط1 1981 ، جامعة الكويت .

69. سليم اللمناتي ، المجتمع المدني ، ومتطلباته ، المجلة العربية لحقوق الانسان ، 3/4 / 1996 .

70. سليمان ، عامر ، القانون في العراق القديم ، ج1 ، مطبعة الموصل 1977 ، د . عبد الكريم الغازي .

71. شارل عيساوي ، الجذور الاقتصادية والاجتماعية للديموقراطية بالشرق الاوسط .

72. شرمين جودة اليعقوبي ، الحصار الاقتصادي وتآكل الدور المجتمعي للمراة العراقية.

73. شلبي ، احمد ، السياسة في الفكر الاسلامي ، مكتبة النهضة المصرية ، القاهرة ، ط1 ، 1983 .

74. صادق ، هشام علي ، تاريخ النظم القانونية والاجتماعية ، الدار الجامعية بيروت ، 1982 .

75. صالح ، غانم محمد ، الفكر السياسي القديم ، بغداد ، دار الحرية ، 1980

76. صحيح البخاري ،دار احياءالتراث العربي ، الجزء السابع ، بيروت-لبنان

77. صفاء موسى ، التحول السياسي وحقوق الانسان ، نهاية النظم العسكرية والانتقال الى الديموقراطية في العالم الثالث ، مجلة س ، س ، العدد 97، 1989 .

78. ظاهر ، احمد جمال ، حقوق الانسان / عمان ، 1988 .

79. عبد ، نعيمة محمد ، جامعة الامارات العربية المتحدة ، كتاب دور المراة العربيـة في التنميـة في الثمانينيات .

80. عبد الحميد ، محسن ، الاسلام والتنمية الاجتماعية ، دار الانباء ، بغداد ط1 ، 1989 .

81. عبد الرحمن ، اسامة ، الانسان العـربي والتنميـة ، حقـوق الانسـان ركيـزة محوريـة لاي انطلاقـة تنموية ، مجلة المستقبل العربي ، العدد 131 ، 1990

82. عبد الرزاق ، علي ، الاسلام ، واصول الحكم ، مطبعة الناصر ، 1925 .

83. عبد الرضا ، الطعان ، صادق الاسود ، مدخل الى علم السياسة ، بغداد جامعة بغداد ، 1986 .

84. عبد الرضا ، الطعان ، مفهوم الديموقراطية القديمة ، آفاق عربية1984 العدد /6 .

85. عبد القادر ، علي احمد ، تطور الفكر السياسي ، القاهرة ، مكتبة النهضة المصرية ، 1970 .

86. عبد اللـه ، اسـماعيل صبري ، المعنويـات الاقتصـادية والاجتماعيـة والديموقراطيـة ، مجموعـة باحثين ، مركز دراسات الوحدة العربية .

87. عبد المتوكل ، محمد عبد الملك ، الاسلام وحقوق الانسـان ، مجلـة المسـتقبل العـربي ، بـيروت . لبنان ، العدد 2 ، لسنة 1979 .

88. عبد المنعم ، د. فؤاد ، مبدأ المساواة في الاسلام ، رسالة دكتوراه جامعة الاسكندرية ، 1972 .

89. عثمان ، امين ، السفسطائيون ، مجلة المقتطف ، ج3 ، القاهرة ، 1943

90. عثمان ، د . محمد فتحي ، حقوق الانسان بين الشريعة والفكـر القـانوني الغـربي ، دار الشرـق ، بيروت ، 1982 .

91. عدنان ، العابد ويوسف الياس ، شرح قانون العمل ، بغداد ، ط2 1989

92. عزيز ، رياض هادي عزيز / المشكلات السياسية في العالم الثالث .

93. علي ، حسن ، حقوق الانسان ، وكالة المطبوعات ، الكويت ، 1982 .

94. علي ، يونس حمادي ، مبادئ علم الديموقراطية ، 1985 .

95. علي ، محمد جواد ، التاميل والمشكلة السيرلانكية ، مجموعة باحثين .

96. عمار ، رامز ، دور الاعلام والتعليم في حماية حقوق الانسان العربي بيروت ، معهد الانماء العربي ، 1991 .

97. عمر ، عبد الفتاح ، حقوق الانسان والتحول الحضاري في العالم اليوم المجلة العربية لحقوق الانسان ، العدد 21 ، لسنة 1994 ،

98. عمر ، معن خليل ، عبد اللطيف العاني ومليحة عوني القصير ، مدخل الى علم الاجتماع .

99. عهد محفل ، تاريخ الروامن ، ج1 ، دار غندور ، بيروت ، 1974 .

100. عودة ، عبد القاهر ، التشريع الجنائي في الاسلام ، بيروت ، الجزء الثاني

101. عويد ، نضال حكمت ، الاستقلال الاقتصادي للمراة العاملة ، واثره على مكانتها في اتخاذ القرار داخل الاسرة (رسالة ماجستير منشورة ، جامعة بغداد) قسم الاجتماع وفريال بهجت عزيز ، عمل المراة واثره على دروها في الاسرة ، رسالة ماجستير مقدمة على جامعة عين شمس ، كلية الاجتماع 1981 .

102. غسان سلامة ، اين هم الديمقراطيون ، مركز دراسات الوحدة العربية ،ديمقراطية من غير ديمقراطين ، سياسات الانفتاح في العالم العربي الاسلامي ، بيروت ،ط1 ،1995.

103. فلسفي ، محمد تقي ، الطفل بين الوراثة والتربية ، مؤسسة الاعلمي ، للمطبوعات بيروت ، ط1 ، 1969 ،

104. فيردي هاليدي ، باحث ، الحرب الباردة والعالم الثالث .

105. قانون حمورابي ، المادة 142 - 149 .

106. كتاب ،غير دوري ، عن الانظمة العربية في لحقوق الانسان ، مجموعة باحثين ، العدد22/ ، 1988 .

107. متابعات اعلامية ، مجلة شهرية ، تصدر في وزارة الاعلام باليمن ، العدد 26 ، لسنة 1992.
108. مجذوب ، محمد سعيد ، الحريات العامة لحقوق ، طرابلس ، جروس بوس ، ط1 ، لسنة 1986 .
109. مجموعة باحثين ، م العلماء السوفيت ، العراق القديم ، دراسة تحليلية لاحوالهم الاقتصادية والاجتماعية ، ترجمة سليم طه ، وزارة الاعلام . 1976 .
110. محمد حسين ، دنيا المراة ، دار الملاك، بيروت ، الطبعة الاولى ، 1997
111. محمد سعيد النابلسي ، صورة المراة العراقية في وسائل الاعلام ، قضايا واوجيهات ، دراسات عن المراة العربية في التنمية ، (12) بغداد اللجنة الاقتصادية والاجتماعية ، لغربي آسيا ، 1985 .
112. محمد عبده ، شرح نهج البلاغة ، مطبعة النهضة ، بغداد ، 1986 .
113. محمد ينكو ، حقوق الانسان وازمتها في اكاديمية المملكة المغربية ، (المحرر) وبين الالوية الاقتصادية ، الرباط ، نوفمبر ، 1994 .
114. محمود ، احمد ابراهيم ، الامم المتحدة ، وخطط السلام في افريقيا .
115. مراد ، علي عباس ، التنمية السياسية (المشاركة السياسية ومحاولة تحديد مفهوم) ، مجموعة باحثين ، مشكلات تجارب التنمية في العالم الثالث ، بغداد ، مركز دراسات العالم الثالث ، 1990 .
116. مركز دراسات الوحدة العربية ، الديمقراطية والاحزاب في البلدان العربي ، ط1 ، بيروت ، 1999 .
117. معجم العلوم الاجتماعية (انكليزي / عربي / فرنسي) مكتبة لبنان ، 1977 ، بيروت .
118. معوض ، جلال عبد الله ، ازمة المشاركة السياسية في الوطن العربي ، محمد عزت حجازي ، واخرون ، نحو علم اجتماع عربي ،سلسلة كتب المستقبل العربي ، ط7 ، بيروت ، 1994 .

119. مغنيشي ، محمد احمد ، النظرية السامية الاسلامية في حقوق الانسان الشرعي ، دراسة مقارن ، كتاب الامة ، 25 ، مؤسسة الخليج للنشر والطباعة ، قطر ، ط1 ، 1990 .
120. مقالة ، ابو زيد ، نصر حامد ، الفكر الاسلامي وحقوق الانسان بين الواقع والمثال ، المجلة العربية لحقوق الانسان ، 1995 ، ع/2 .
121. ملحم قربان ، قضايا الذكر السياسي لحقوق الطبيعة ، المؤسسة الجامعة للدراسات ، بيروت ، ط1 ، 1983 .
122. ميشيل فيلية ، القانون الروماني ، ترجمة ، هاشم الحافظ ، دار الحرية للطباعة ، بغداد ، 1974 .
123. نادر فرياني ، ازمة الديموقراطية في الوطن العربي ، بحوث ومناقشات الندوة الفكرية التي نظمها مركز دراسات ، بيروت .
124. ناهي ، صلاح الدين ، العدالة في تراث الرافدين وفي الفكر اليوناني والعربي والاسلامي ، بيروت ، الدار العربية للمطبوعات ، 1984 .
125. نجا ،مهاب ، المدخل الى علم القانون ، دار الشمال للطباعة ، طرابلس ،ط1 1990 .
126. ندر فرحات ، التعددية السياسية في العالم العربي ، الواقع والتحديات ، الوحدة لسنة 8 ، العدد 9 ، 1992 .
127. نيازي ، غلام محمد ، حقوق الانسان في الاسلام ، بحث ضمن حقوق الانسان في القرآن .
128. هاروك نوبيرت ، النظام العالمي الجديد ومشاكل العالم الثالث ، ترجمة د . محمد الزغبي وزميله ، بيروت ، ذو الطليعة ، ط1 ، 1996 .
129. هنري ، غريمان ، حركات التحرر الوطني ، يسار افريقيا ، ترجمة د .صباح كعدان ، دمشق ، 1994 .
130. وثيقة مكتب العمل الدولي ، رزمة تدريسيه من ندوة الوحدات حول عمل المراة والفقر ، جنيف ، 1999 ، الوحدة التدريسية الثالثة .

131. وطفة ،علي اسعد ، بنية السلطة واشكالية التسلط التربوي في الوطن العربي ، بيروت ، مركز دراسات الدورة العربية ، 2000 .

132. وهبة ، توفيق علي ، حقوق الانسان بين الاسلام والنظم العالمية ، مطبعة الاهرام ، القاهرة ، 1971 .

133. يحيى عمر ، الاصول العامة للقانون .

134. يوسف ، باسيل ، حقوق الانسان والامن القومي ، مجلة شؤون سياسية ، دار الشؤون الثقافية ، بغداد ، العدد 2 لسنة 1994 .

التقارير

1. الامم المتحدة (المادة ، 23،1) عن الاعلان العالمي لحقوق الانسان .
2. الامم المتحدة (5،1) الامم المتحدة الاتفاقية الدولية لازالة كافة التمييز العنصري .
3. الامم المتحدة ، الجمعية العامة ، المؤتمر العالمي الرابع المعني بالمراة ، بكين 4 -5 ايلول 1994 .
4. الامم المتحدة ، المجلس الاقتصادي والاجتماعي ، المراة عام 2000 المساواة بين الجنسين والتنمية و السلام في القرن 21 ، الدورة الثالثة ، 3 -7 آذار .
5. العهد الدولي الخاص بالحقوق المدنية والسياسية ، 18 / 2 / 2004 . Human right
6. الامم المتحد ، تقرير الامين العام عن اعمال المنظمة ، نيويورك ، 1988 .
7. الاعلان العالمي لحقوق الانسان ، المادة 24 من الاعلان ، مؤسسة الرسالة 1985 .
8. الامم المتحدة ، المؤتمر العالمي الرابع المعني بالمراة ، بكين .
9. الامم المتحدة ، المادة (5/ ح) اصبحت سارية المفعول في ك2 ، 1969 لازالة كافة اشكال التمييز العنصري .

<u>مواقع انترنت</u>

10. http://www inter news arabic org / mk/ dr/ dr3

11. تقرير المركز الوثائقي لحقوق الانسان في العراق خلال النصف الاول من عـام 2002 . 4 / 9 / 2004

.

file //A\page 1 of 2

12. file // c\ windows \ desk top 20% folder 0-11

13. المركز الوثائقي لحقوق الانسان في العراق   file //A\page 1 of 3

14. ماذا يحصل في بغداد   1425/7/27   file //c\ windows \desk top page 1of 4

<u>المصادر الاجنبية :</u>

1- BIEZANZ   M H and   biezanz j introduction   to sociology prentie hall ine
    Englewood cliff N Y 1969 p p 109_ 111

2- GIOVANI SARTOR Democrtic theory oxford &IBH Publishing   New Delhi
    1965. p . 151

3- J A CORRY flements of democratic   government   oxford university   press
    London   1964 P. 124 .

4- IN CYCLOPEDIA   vol 8 . 1980 p.684

5-   LAWRENCE   ZIRING   the Asian political   dictionary, santa Barbara ,
    Califrinia 1980 .p.66

6- SAULK PADORER the meaning of demoracy .

lancer book, lnc NEW YORK ,1965 p. 82

7- INTER NATIONAL Ensyclopedie of social science .Macmilln and free press .
    v6   1968.p .p540-542

8- THE violation of women Rights in Iraq .p 1 of 2 fille/htm 25/ 09 / 2004.

9- king ahistory of summer and akkad . London   .

1923 . p184 .p 239 .p 291 .

10- Monier Cardascia etimber historire   des in stitution et des fists sociaux
    Paris . 1954p.50

11- MOURICE DWERGER: The idia of polities Translated by ROBERT North & RUTH URPHYLondon ,1971. p . 91.

12- UNITED NATION study of discri mination in Respect of The Right.. 1968 pp. 4-5 .

13- INTER NATIONAL labour pffice .inter nationa
Migration 1959.

14- SORENSON (women, s Employment patterns after marrage) ,Journal of marria and family vol.45 (1983) .pp 113- 121 .

15 – The world .s women 1970 -1990: Trends and statistice . (E .g o xv II.3)

16- UN . convention on the Elimination of Discrimination .Ajauist wamen comsideration of sports submitted by staties parties under artical18
of convention japan 28 augst .1999 p .35

17- HUMAN RIGHT,S watch , p 1 of 10 18/2/2004.

18- ILD :Building on culture to face changing realities . the jalaga and traraflices story Geneva 1994 .p .51

19- Jazairy ctal:the stat of world rural in to its causes and cosequen cens new your: FAD1992.p. 17.

20- C .clert : gender . povety and social exe elusion in chile . issues in development discussion paper . Geneva. ilo.p. 16 .

21- HJAYATI : ternds in female En ployment developing countries :Emergian issues in back ground paper Human developmentReport 1995 .NEW YORK UN DP . 1995 . P .36

22- CINTER FOR : Tencina in termcricane de for macion prfional monte video ,1995. NO 132-133.

23- H .C H aan . community - based training for cmployment and in com jeneration .Geneva ltd 1994. p. 22

الفهرست

Printed in the United States
By Bookmasters